CATALOGUE

DES

LIVRES MODERNES

ILLUSTRÉS

DES OUVRAGES SUR LE THÉATRE ET L'HISTOIRE

DONT LA VENTE AURA LIEU

Les Jeudi 12, Vendredi 13 et Samedi 14 Janvier 1882

à 2 heures précises

Hôtel des Commissaires-Priseurs, rue Drouot

Salle n° 4

Par le ministère de Me MAURICE DELESTRE, commissaire-priseur
Successeur de Me DELBERGUE-CORMONT
Rue Drouot, 27

Suites de gravures pour la Fontaine, Molière. — Les Beautés de l'Opéra. — Le Diable à Paris. — Iconologie, 4 vol. in-12. — Théocrite, figures de Moreau, avant la lettre. — Les Baisers, 1770, papier de Hollande. — Chants et chansons populaires. — Béranger. — Corneille, 8 vol. in-4, reliés par Derome. — Molière. Figures de Moreau, avant la lettre. — Contes de Voltaire, 1778, 3 vol. in-8. — Notre-Dame de Paris. *Édition originale*. — La Fontaine, 22 vol. grand papier vélin avec 1600 figures ajoutées. — Gessner, 3 vol. in-4. — Le Temple de Guide, édition gravée, figures d'Eisen, grand papier de Hollande, in-4 et in-8.

PARIS

ADOLPHE LABITTE

LIBRAIRE DE LA BIBLIOTHÈQUE NATIONALE

4, Rue de Lille, 4

1882

PARIS

TYPOGRAPHIE GEORGES CHAMEROT

19, rue des Saints-Pères, 19

CATALOGUE

DES

LIVRES MODERNES

ILLUSTRÉS

CONDITIONS DE LA VENTE

La vente se fait au comptant.

Les acquéreurs payeront 5 p. 100 en sus des enchères, applicables aux frais.

Il y aura exposition chaque jour de vente, de 1 à 2 heures.

Les ouvrages sont garantis complets et en bon état. Ils devront être collationnés sur place et dans les vingt-quatre heures de l'adjudication. Passé ce délai ou une fois sortis de la salle de vente, ils ne seront repris pour aucune cause.

M. Adolphe Labitte, chargé de la vente, remplira les commissions des personnes qui ne pourraient y assister.

ORDRE DES VACATIONS

Première Vacation. — *Jeudi* 12 *janvier* 1882.
Nos 1 à 186

Deuxième Vacation. — *Vendredi* 13.
Nos 187 à 394

Troisième Vacation. — *Samedi* 14.
Nos 395 à 562

CATALOGUE

DES

LIVRES MODERNES

ILLUSTRÉS

DES OUVRAGES SUR LE THÉATRE

ET L'HISTOIRE

DONT LA VENTE AURA LIEU

Les Jeudi 12, *Vendredi* 13 *et Samedi* 14 *Janvier* 1882

à 2 *heures précises*

Hôtel des Commissaires-Priseurs, rue Drouot

Salle n° 4

Par le ministère de Me MAURICE DELESTRE, commissaire-priseur

Successeur de Me DELBERGUE-CORMONT

Rue Drouot, 27

Suites de gravures pour la Fontaine, Molière. — Les Beautés de l'Opéra. — Le Diable à Paris. — Iconologie, 4 vol. in-12. — Théocrite, figures de Moreau, avant la lettre. — Les Baisers, 1770, papier de Hollande. — Chants et chansons populaires. — Béranger. — Corneille, 8 vol. in-4, reliés par Derome. — Molière. Figures de Moreau, avant la lettre. — Contes de Voltaire, 1778, 3 vol. in-8. — Notre-Dame de Paris. *Édition originale.* — La Fontaine, 22 vol. grand papier, vélin avec 1600 figures ajoutées. — Gessner, 3 vol. in-4. — Le Temple de Gnide, édition gravée, figures d'Eisen, grand papier de Hollande, in-4 et in-8.

PARIS

ADOLPHE LABITTE

LIBRAIRE DE LA BIBLIOTHÈQUE NATIONALE

4, Rue de Lille, 4

1882

CATALOGUE

DES

LIVRES MODERNES

ILLUSTRÉS

DES OUVRAGES SUR LE THÉATRE

ET L'HISTOIRE

THÉOLOGIE

1. Petit Carême et Sermons choisis de J.-B. Massillon, évêque de Clermont. *Paris, Gavard, s. d.* Gr. in-8, pap. vél. portr. de Massillon et de Louis XIV par Philippe de Champagne, grav. par Gustave Lévy, nombr. vign. interc. dans le texte, chagr. la Vallière, fers spéciaux sur le dos et les plats, tr. dor.

2. Les Confessions de saint Augustin, trad. nouvelle, avec notes. *Paris, Coignard,* 1686. In-8, fr. gr. demi-rel. mar. br.

3. Pensées de M. Pascal sur la religion et sur quelques autres sujets. *Amst., Abr. Wolfganck,* 1677. Pet. in-12, mar. bl. fil. tr. dor. (*Brany.*)

   Joli exemplaire d'une édition elzévirienne rare et recherchée. Haut. 128 mill.

4. Sermons de M. Massillon, évêque de Clermont. *Paris,* 1745. In-12, mar. br. tr. dor. (*Cuzin.*)

   Édition originale du *Petit Carême.*

5. Mémoire pour servir à l'histoire de la fête des foux qui se faisoit autrefois dans plusieurs Églises, par M. du Tilliot. *A Lauzanne et à Genève,* 1751. Pet. in-8, fig., v. antiq. marbr.

6. La Mythologie du Rhin, par X.-B. Saintine, illustrée par Gust. Doré. *Paris, Hachette,* 1862. In-8, pap. vél. nombr. vign. interc. dans le texte, demi-rel. chagr. vert, plats recouv. de percal. chag. tr. dor.

7. Les Livres sacrés de l'Orient, traduits ou revus et corrigés par G. Pauthier. *Paris, Daffis,* 1875. Gr. in-8, texte à 2 col. demi-rel., chagr. noir, tr. sup. jasp. n. rog.

SCIENCES ET ARTS

---

8. Ciceronis de Officiis libri III. *Amstel., ex off. Elzeviriana,* 1677. In-12, titre gravé, mar. r. doublé de mar. r. tr. dor. (*Anc. rel.*)

9. Les Caractères de Théophraste, traduits du grec, avec les Caractères ou les Mœurs de ce siècle, par la Bruyère. Nouvelle édition, collationnée sur les éditions données par l'auteur, avec des notes littéraires et historiques, par Ad. Destailleurs. *Paris, P. Jannet,* 1854. 2 vol. in-12, cart. percal. rouge, n. rog.

10. Les Essais de Montaigne, réimprimés sur l'édition originale de 1588, avec notes, glossaire et index, par MM. M. Motheau et D. Jouaust, et précédés d'une note par M. S. de Sacy. *Paris, Libr. des Bibliophiles,* 1873. 4 vol. in-8, portrait de l'auteur, gravé à l'eau-forte par Gaucherel, br.

Mq. le tome IIe.

11. Idée d'une République heureuse, ou l'Utopie de Thomas Morus, chancelier d'Angleterre, traduite en françois par Gueudeville. *Amsterdam, Fr. l'Honoré,* 1730. In-12, fig. v. f. antiq.

12. Œuvres de Ch. Fourier. — Théorie des quatre mouvements et des doctrines générales. 1 vol. — Théorie de l'unité universelle. 4 vol. *Paris,* 1841-1843. 5 vol. — Charles Fourier. Sa vie et sa théorie, par Ch. Pellarin.

Paris, 1483. 1 vol. — Ens. 6 vol. in-8, dont le dernier in-12, demi-rel. chagr. rouge.

13. Histoire naturelle en miniature. *Paris. Le Fuel.* In-16, fig. cart. en soie, dans un étui.

Figures en couleurs.

14. Histoire naturelle des mammifères, par M. Paul Gervais. *Paris, L. Curmer,* 1854-1855. 2 vol. gr. in-8, papier vélin, vignettes dans le texte, figures hors texte noires et coloriées, chagr. viol. fers spéciaux dorés sur les plats, tr. dor.

15. Champfleury. — Les Chats, illustrés de 52 dessins. *Paris, Rothschild,* 1869. In-12, figures dans le texte, demi-rel. v. ant. tr. supér. dor. n. rog.

16. Histoire naturelle des oiseaux, suivant la classification de M. Isidore Geoffroy-Saint-Hilaire, par M. Emm. Le Maout. *Paris, L. Curmer,* 1853. Gr. in-8, papier vélin, figures intercalées dans le texte, hors texte et planches coloriées, mar. rouge, fers spéciaux sur les plats, tr. dor.

17. L'Oiseau, par J. Michelet. Édition illustrée de 210 vignettes sur bois, dessinées par M. Giacomelli. *Paris, L. Hachette,* 1867. Gr. in-8, papier vélin, figures, demi-rel. chagr. rouge, plats toile chagr. tr. dor.

18. Les Papillons, métamorphoses terrestres des peuples de l'air, par Amédée Varin, texte par Eug. Nus et Antony Méray. *Paris, Gabr. de Gonet, s. d.* 2 vol. in-8, papier vélin, gravures hors texte coloriées, br. (avec couvertures).

19. La Vie des Fleurs, par Eug. Noël, avec préface par Stahl. *Paris, Hetzel, s. d.* Gr. in-8, pap. vél. vignettes de Yan d'Argent, intercal. dans le texte, br.

20. Le Royaume des Roses, par Arsène Houssaye, vignettes par Gérard Séguin. *Paris, Blanchard,* 1851. Pet. in-8, vignettes dans le texte, cartonnage original.

21. Le Jardin des Plantes, description complète, historique et pittoresque du Muséum d'Histoire naturelle, de la Ménagerie, des Serres..., par le Dr Emm. Le Maout, P. Bernard, L. Couailhac et Gervais. *Paris, L. Curmer,* 1842-1843. 2 vol. gr. in-8, papier vélin, portraits et nom-

breuses figures dans le texte et hors texte, dont un certain nombre coloriées, demi-rel. avec coins, v. vert, tr. marbr.

22. Le Jardin des Plantes, description du Muséum d'Histoire naturelle, de la Ménagerie, des Serres, etc..., par Bernard, Couailhac, Gervais et E. Le Maout. *Paris, Curmer,* 1842-43. 2 vol. gr. in-8, pap. vél. portraits et nombreuses figures dans le texte et hors texte, dont un certain nombre coloriées, demi-rel. avec coins, maroq. la Vallière, jans.

Exemplaire relié sur brochure.

23. L'Art de connaître les hommes par la physionomie, nouvelle édition, corrigée et disposée dans un ordre plus méthodique, précédée d'une notice historique sur l'auteur, etc., par W. Moreau (de la Sarthe), ornée de plus de 600 gravures. *Paris, Dupélafol,* 1820. 10 vol. gr. in-8, portraits et figures, demi-rel. mar. rouge, tr. supér. dor. n. rog.

24. La Phrénologie. Le geste et la physionomie démontrés par 120 portraits, sujets et compositions, texte et dessins par H. Bruyères. *Paris, Aubert,* 1847. Gr. in-8, gravures hors texte, cart. original, n. rog.

25. Le Livre d'or des métiers, par Paul Lacroix et Ferdinand Séré. *Paris,* 1850-1852. 5 vol. grand in-8, figures, demi-rel. chagr. vert, tr. jasp.

Histoire de l'Imprimerie, 1 vol. — Histoire de la Charpenterie. — Histoire de l'Orfèvrerie-Joaillerie, 1 vol. — Histoire des Cordonniers, 1 vol. Histoire des Hôtelleries, etc., 2 vol.

26. Histoire de la prostitution chez tous les peuples du monde depuis l'antiquité la plus reculée jusqu'à nos jours, par Pierre Dufour. *Paris, Séré* 1851-1583. 6 vol. in-8, figures hors texte, demi-rel. v. f. tr. supér. dor. n. rog.

27. La Comédie à cheval, ou Manies et travers du monde équestre, par Albert Cler, illustré par Tony Johannot, Giroux, etc. *Paris, Bourdin, s. d.* Pet. in-8 carré, br.

Couverture, piqûres d'humidité.

28. Jules Gérard. La Chasse au lion, ornée de gravures dessinées par Gustave Doré. *Paris, Librairie nouvelle,*

1855. Gr. in-8, papier vélin, portrait de l'auteur, gravures hors texte, demi-rel. avec coins mar. grenat jans.

Exemplaire relié sur brochure.

29. La Danse des salons, par Cellarius, dessins de Gavarni gravés par Lavieille. *Paris, Hetzel*, 1847. In-8 broché.

30. Un Bal chez les Lucioles, par Gabriel d'Antalmont. *Marseille, Laveirarié*, 1880. Brochure in-8 de 32 pag. pap. vél. fort. Texte encadré de vignettes teintées.

31. Souvenirs de l'Exposition universelle, par Eugène Rimmel. *Paris, Dentu*, 1868. In-4, figures, demi-rel. mar. r. foncé, n. rog.

32. Petit Courrier des dames, ou Nouveau Journal des modes. 1825, 1828 et 1829. 3 vol. in-8, figures coloriées, v. rac. — La Mode, 1833-34 et 1835. 3 vol. in-8, figures coloriées, demi-rel. bas. rouge. Ens. 6 vol.

33. Histoire de la dentelle, par M. de *** (François Fertiault). *Paris*, 1843. In-12, fig. broché, papier vélin, texte encadré de filets noirs.

BEAUX-ARTS

VIGNETTES ET GRAVURES. — LIVRES A FIGURES

34. Grammaire des arts du dessin, architecture, sculpture. peinture..., par Charles Blanc. *Paris, Ve Renouard*, 1870. Gr. in-8, pap. vél. fig. intercalées dans le texte, broché.

35. Esquisses, pochades, etc., etc., sur le Salon de 1827, par A. Jal. *Paris, Ambroise Dupont*, 1828. In-8, figures lithographiées, demi-rel. v. n. rog.

36. Le Musée, revue du Salon de 1834, par Alexandre D... (Decamps, le frère du peintre Alexandre-Gabriel). *Paris,*

Abel Ledoux, 1834. In-4, fig. demi-rel. avec coins, mar. rouge jans. tr. supér. dor. éb. (*Smeers.*)

Titre par Célestin Nanteuil et 23 planches lithographiées; l'article qui concerne A.-G. Decamps est de Charles Roger.

37. Salon illustré de 1879 (première année), comprenant deux cents dessins originaux exécutés par les artistes d'après leurs œuvres et accompagnés de poésies inédites, publié sous la direction de F.-G. Dumas. *Paris et Londres,* 1879. 2 vol. in-8, papier vélin, figures, cartonnage original.

38. Catalogue des tableaux modernes composant la collection de M. Fr. Hartman. *Paris,* 1881, in-4 br.

Exemplaire tiré en grand papier vélin teinté et enrichi de 16 planches gravées à l'eau-forte.

39. Catalogue des tableaux anciens de toutes les écoles composant la très importante collection de M. le baron de Beurnonville. *Paris,* 1881, in-4, br.

Exemplaire tiré sur grand papier vélin teinté et enrichi de 59 planches gravées à l'eau-forte.

40. Cercle de la Librairie. — Catalogue de l'exposition de gravures anciennes et modernes (précédé d'un coup d'œil sur l'histoire de la gravure, par Georges Duplessis). *Paris, Cercle de la Librairie*, 1881. In-4, papier vélin, reproductions d'estampes anciennes et modernes, figures noires et en couleurs, exemplaire en feuilles dans un carton.

41. Abailard. — Lettre d'Héloïse et d'Abailard. 8 figures in-4 par Moreau, gravées par Dambrun, Delvaux, Halbou, Langlois, etc.

42. Cervantes. — Trente figures, par Chodowiecki, gravées par D. Berger, pour Don Quichotte.

Épreuves in-12, remontées in-4, sur papier vergé de Hollande (la suite est de 35 planches et 1 portrait).

43. La Fontaine. — Suite de gravures pour les Contes. Édition dite : des Fermiers généraux. In-8, cart.

Tirage moderne, 83 planches sur chine avant la lettre.

44. La Fontaine. — Figures des Contes, par Honoré Fragonard, gravées par Martial et destinées à orner l'édition Didot, 1795, en 2 vol. in-4. *Paris, P. Rouquette, s. d.*

10 livraisons contenant 60 planches, grand in-4 en feuilles.

Troisième état. Épreuves terminées avant lettre, noir.

45. LOUVET DE COUVRAY. — Vingt-deux gravures in-8 pour illustrer les Aventures du chevalier de Faublas. Édition en 2 vol. gr. in-8.

Épreuves sur chine volant avant toute lettre.

46. LUCRÈCE. — Un frontispice et 6 gravures d'après Gravelot pour l'édition 1768 in-8.

Figures avant la lettre, moins le frontispice. Second tirage avec cadres, papier vélin.

47. MOLIÈRE. — Trente-quatre figures de Boucher (et un portrait) réduites par Punt, pour les œuvres de Molière. In-12 (1738-1740).

Belles épreuves remontées in-4 sur papier vergé de Hollande.

48. MOLIÈRE. — Suite complète de 35 figures, dont un portrait, pour illustrer les œuvres de Molière. Gr. in-8 cart.

Jolie suite gravée à l'eau-forte d'après Boucher, publiée par Alph. Lemerre.
Épreuves sur WHATMAN, AVANT LETTRE.

49. MOLIÈRE. — Cent soixante-cinq vignettes dessinées et gravées à l'eau-forte par Frédéric Hillemacher, pour les œuvres de Molière. In-8.

Épreuves tirées sur chine volant.

50. MOLIÈRE. — Quarante-neuf vignettes gravées à l'eau-forte par Foulquier, pour les œuvres de Molière. In-8.

Épreuves tirées sur papier du Japon.

51. Henri MONNIER. Dessins, mœurs administratives, récréations, esquisses parisiennes, scènes populaires, grisettes, les contrastes, petites misères humaines, etc. 85 planches lithographiées dont quelques-unes en couleurs.

52. POPE. 17 figures in-8 de Marillier, gravées par Dambrun, Duflos, Gaucher, Godefroy, Halbou, Ingouf, etc., et 1 portrait pour illustrer les Œuvres de Pope.

Très belles illustrations.

53. PRÉVOST. 10 figures et 1 portrait pour illustrer Manon Lescaut, dessinées et gravées à l'eau-forte par Chauvet.

Épreuves sur Whatman avant la lettre.

54. Prévost. 8 gravures in-18 de Lefèvre, gravées par Coiny pour illustrer Manon Lescaut, édition Didot, 1797.

Épreuves avant la lettre. Cette suite est incomplète d'une planche, et est remontée gr. in-8.

55. Prévost. Manon Lescaut. 17 gravures gr. in-8 de Johannot, de l'édition de Bourdin.

Épreuves sur chine avant la lettre.
D'après Sieurin, il faut 18 planches.

56. Regnard. Sept vignettes par Moreau, gravées par de Longueil, Delignon, Patas, Halbou, Simonet, Langlois, etc., et 1 portrait pour le Théâtre de Regnard.

Très belles épreuves, lettres grises.
Cette suite est complète, les quatre figures de Marillier, qui en font souvent partie, ont été faites pour le théâtre italien.

57. Richardson. Clarisse Harlowe. Suite complète de 21 gravures et 1 portrait dessinées et gravées par Chodowiecki. In-8.

Épreuves avant la lettre.

58. Sainte Bible. 36 gravures in-8 de Monnet, avec encadrement pour la Sainte Bible.

Pièces détachées.

59. Swift. 10 gravures in-12 de Lefèvre, gravées en totalité par Masquelier, en 1797, pour Gulliver.

Suite complète, avec la lettre en anglais.

60. Le Tasse. La Jérusalem délivrée. Suite complète de 1 frontispice et 40 figures par Cochin. Édition de Didot, 1784. In-4, demi-rel. avec coins mar. orange jansén. tr. dor.

Deuxième tirage; les figures ont la légende en italien.

61. Voltaire. 10 figures de Moreau le jeune, gravées par Simonet, Dambrun, Trière, Duclos, etc., pour la Henriade de Voltaire. In-4.

62. Voltaire. 21 vignettes par Monsiau et Marillier, et un portrait par Gaucher, pour la Pucelle de Voltaire. In-4.

Grandes marges.

63. Album de gravures du xixe siècle. Recueil factice contenant 70 planches. In-8 obl. demi-rel. bas. verte.

Figures de Rogier pour les contes d'Hoffmann, figures diverses de T. Johannot, titres gravés et figures pour les œuvres de Cooper, édition Furne, etc.

64. Lot de 59 figures in-8, diverses, noires et en couleurs, pour les Français peints par eux-mêmes. Édition Curmer.

65. Lot de gravures, environ 200 pièces pour illustrer différents ouvrages.

Figures anciennes et modernes en différents états, pièces détachées, portraits, etc.

66. Portraits de personnages de la Révolution française, dessinés et gravés par Duplessis-Bertaux. *S. l.* an IX. Recueil de 60 planches réunis en seul vol. in-4, demi-rel. avec coins mar. rouge, tr. sup. dor. n. rog.

Un sujet historique est gravé au bas de chaque portrait.

---

67. Albums comiques par Daumier et Philipon. *Paris, Aubert, s. d.* In-4, en feuilles.

221 planches dépareillées noires et en couleur.

68. Alphabet gravé par A. Prunaire, d'après H. Pille. *Paris, Alph. Lemerre,* 1880. In-4, papier vélin, figures coloriées, cart. toile grise, tr. dor.

69. Amoris divini et humani antipathia. *Antuerpiæ*, 1629. Pet. in-8, cart.

Figures d'emblèmes.

70. Assemblée nationale comique, par Aug. Lireux, illustrée par Cham. *Paris, Michel Lévy frères*, 1850. Nombr. vignettes dans le texte et figures hors texte, demi-rel. avec coins mar. vert clair, dos orné et mosaïque de mar. rouge, tr. supér. dor. éb.

Joli exemplaire.

71. Autrefois ou le bon vieux temps, types français du dix-huitième siècle. *Paris, Challamel, s. d.* Gr. in-8, papier vélin, vignettes par Tony Johannot, Fragonard, Gavarni, etc., demi-rel. chagr. bleu, dos orné, fil. tr. supér. dor. éb.

72. Les Bagnes, histoire, types, mœurs et mystères, par M. Alhoy, édition illustrée. *Paris, G. Havard,* 1845. Gr. in-8, cart. dos et coins toile rouge, n. rog.

73. Les Beautés de l'Opéra, ou Chefs-d'œuvre lyriques illustrés par les premiers artistes de Paris et de Londres, sous la direction de Giraldon avec un texte explicatif rédigé

par Théophile Gautier, Jules Janin et Philarète Chasles. *Paris, Soulié*, 1845. In-4, papier vélin, texte encadré, vignettes, portraits hors texte, demi-rel. avec coins mar. viol.

74. Émile de la Bédollière. Londres et les Anglais, illustrés par Gavarni. *Paris, Gust. Barba, s. d.* In-4, figures hors texte, demi-rel. chagr. rouge, tête jasp. éb.

75. Les Belles Églises du monde, par l'abbé J.-J. Bourassé, illustrations de K. Girardet. *Tours, Mame*, 1857. Gr. in-8, figures hors texte, broché.

76. Les Cent et un Robert-Macaire, composés et dessinés par M. H. Daumier, sur les Idées et les Légendes de M. Ch. Philipon, texte par M. Alhoy et Louis Huart. *Paris, Aubert*, 1839. In-4, 101 planches lithographiées, demi-rel. v. br. tr. jasp.

Taches de rouille.

77. Ce qu'on dit et ce qu'on pense, petites scènes du monde, par Scheffer. *Paris, Gehaut*, 1829. In-4 obl. demi-rel. mar. viol. avec coins, tr. supér. dor. n. rog.

Très belles suite de 60 pl. en couleur, titre et frontisp., en tout 62 pièces montées sur onglets.
Exemplaire très bien conservé.

78. La Comédie de notre temps : la Vie hors de chez soi. Études au crayon et à la plume par Bertall. *Paris, Plon*, 1874-76. 3 vol. grand in-8, pap. vél. fig. intercal. dans le texte et hors texte, demi-rel. avec coins maroquin vert jans.

Exemplaire relié sur brochure.

79. Comment on étudie la médecine à Paris. *Paris, Aubert, s. d.* In-4, figures lithographiées cart.

80. Les Couvents, par Louis Lurine et Alph. Brot, illustrés par MM. Tony Johannot, Baron, Français et Célestin Nanteuil. *Paris, J. Mallet*, 1846. Gr. in-8, papier vélin fig. hors texte demi-rel. avec coins mar. rouge, dos orné, fil. tr. supér. dor. n. rog.

81. Croquis maritimes, par Sahib. *Paris, Léon Vanier*, 1880. In-4, papier vélin, nombr. vignettes dans le texte et figures hors texte, cart. original, tr. dor.

82. Les Dessinateurs d'illustrations au XVIIIe siècle, par le baron Roger Portalis, *Paris, D. Morgand et Ch. Fatout*, 1877. 2 vol. in-8, demi-rel. dos et coins mar. vert, tr. supér. dor. n. rog.

83. Le Diable à Paris. Paris et les Parisiens, précédé d'une Histoire de Paris, par Théophile Lavallée, illustrations par Gavarni, Bertall, Champin, Bertrand d'Aubigny, Français. *Paris, J. Hetzel*, 1845-1846. 2 vol. gr. in-8, pap. vélin, nombr. vignettes dans le texte et figures hors texte, demi-rel. avec coins mar. rouge, dos orné, fil. tr. sup. dor. éb.

84. L'Empire des Légumes, mémoires de Cucurbitus Ier, recueillis et mis en ordre par MM. Eugène Nus et Antony Méray, dessins par Amédée Varin. *Paris, G. de Gonet et Martinon, s. d.* Gr. in-8, papier vélin, gravures hors texte en couleurs, demi-rel. v. vert, tr. jasp.

85. L'Été à Bade, par M. Eugène Guinot, illustré par MM. Tony Johannot, Eug. Lami, Français et Jaquemot. *Paris, Furne et Bourdin, s. d.* Gr. in-8, papier vélin grav. hors texte, demi-rel. chagr. viol. plats toile, tr. dor.

86. Les Étrangers à Paris, par MM. L. Desnoyers, J. Janin, Roger de Beauvais, etc., illustré de 400 gravures par Gavarni, Emy, Frère, etc., etc. *Paris, Warée, s. d.* Gr. in-8, cart. dos et coins toile, n. rog.

87. Les Étrangers à Paris, illustrations de MM. Gavarni, Th. Frère, Guérin, etc. *Paris, Ch. Warée, s. d.* Gr. in-8, vignettes dans le texte et figures hors texte, demi-rel. chagr. viol. plats toile chagr. tr. dor.

88. Les Femmes. Keepsake des keepsakes, orné de 12 portraits de femmes. *Paris, Janet, s. d.* In-8, portraits gravés par Rouargue, demi-rel. avec coins mar. bl. dos orné, fil. n. rog.

89. Les Femmes de Murger, par Léon Beauvallet et Lemercier de Neuville, 16 illustrations par Émile Bayard, gravées par Hildebrand. *Paris, Charlieu et Huillery*, 1864. Gr. in-8, papier vélin, portraits hors texte, cart. tr. supér. dor. éb.

90. Les Fleurs animées, par J.-J. Grandville, introduction

par Alph. Karr, texte par Taxile Delord. *Paris, Gabr. de Gonet,* 1847. 2 vol. gr. in-8, papier vélin, figures hors texte en couleurs, demi-cart. percal. éb.

91. Les Fleurs animées, par J.-J. Grandville, introduction par Alph. Karr, texte par Taxile Delord. *Bruxelles, Froment,* 1851. 2 vol. petit in-8, cart. original, figures coloriées.

92. Galeries de la presse, de la littérature et des beaux-arts; directeur des dessins, M. Charles Philippon; rédacteur en chef. M. Louis Huart. *Paris, Aubert,* 1839-1841. 3 vol. in-4, portraits, demi-rel. v. viol. tr. supér. dor. éb.

150 portraits lithographiés.

93. Galerie des femmes de G. Sand, par le bibliophile Jacob (Paul Lacroix). *Paris, Aubert,* 1843. In-8, 24 gravures sur acier par H. Robinson, demi-rel. avec coins mar. rouge, tr. supér. dor. éb. (*David.*)

94. Histoire de la caricature et du grotesque dans la littérature et dans l'art, par Thomas Wright; trad. d'Octave Sachot. *Paris, Adolphe Delahaye,* 1875. Gr. in-8, figures, demi-rel. chagr. bl. tr. supér. dor. n. rog.

95. Histoire d'un pion, suivie de l'emploi du temps et de deux dialogues sur le courage, par Alph. Karr, vignettes par Séguin. *Paris, Blanchard,* 1854. In-8, br. couverture originale.

Bel exemplaire.

96. Un Hiver à Paris, par M. Jules Janin. *Paris, L. Curmer,* 1844. Gr. in-8, papier vélin, gravures hors texte par Eug. Lami, demi-rel. avec coins mar. brun, dos orné, fil. tr. supér. dor. éb.

97. ICONOLOGIE par figures, ou Traité complet des allégories, emblèmes, etc., par Gravelot et Cochin. *A Paris, Lattré graveur, s. d.* 4 vol. in-12 portraits et fig., mar. bl. dos orné, fil. dent. int. tr. dor. (*Chambolle-Duru.*)

98. Les Industriels, métiers et professions en France, par Émile de la Bédollière, avec 100 dessins par Henry Monnier. *Paris, Louis Janet,* 1842. In-8, figures demi-rel. mar. grenat avec coins, tr. sup. dor. n. rog.

99. Les Jésuites depuis leur origine jusqu'à nos jours, par A. Arnould, édit. illustrée par T. Johannot, J. David, Marckl, Frère, etc., etc. *Paris, Dutertre,* 1846. 2 vol. gr. in-8, figures hors texte, demi-rel. chagr. rouge, tr. supér. dor. n. rog.

100. Keepsake des dames. *Paris, Louis Janet, s. d.* In-12, figures cart. satin bl. orn. dor. vue peinte sur un plat de la reliure. — Les Roses du vaudeville. *Paris, Lefuel, s. d.* In-12, figures en couleurs, cart. blanc, dorures, tr. dor. (*Etui.*)

101. Paul Lacroix. Moyen âge et époque de la Renaissance. — Mœurs, usages et costumes. — Les Arts. — Sciences et lettres, vie militaire et religieuse. 4 vol. — XVIIIe siècle. Institutions, usages et costumes. France, 1700-1789 (par le même). 1 vol. *Paris, Firm.-Didot,* 1875-1877-1878. Ens. 5 vol. gr. in-8, papier vélin, chromolithographies et fig. sur bois, demi-rel. avec coins mar. rouge, tr. supér. dor. éb. (*Reliures uniformes.*)

102. Le Livre des petits enfants, 90 vignettes, par Meissonier, Grandville, Français, etc. *Paris, Hetzel,* 1853. In-8, cartonné.

Troisième édition, cartonnage original.

103. Le Livre des jeunes filles, par l'abbé de Savigny, illustré par E. Frère. *Paris, G. Havard, s. d.* In-12, fig. dans le texte, broch.

104. La Marine, par Eug. Pacini, illustrations par Morel Fatio. *Paris, Curmer,* 1844. Gr. in-8, figures dans le texte et hors texte, demi-rel. v. f. fil. tr. peign.

105. Mémoires et prophéties du petit homme rouge, par une sibylle, depuis la Saint-Barthélemy jusqu'à la nuit des temps (par Eug. Bareste). *Paris, Aubert,* 1843. In-16, fig. cart. percal. grise, tr. supér. dor. n. rog.

106. Les Métamorphoses du jour, par Grandville, accompagnées d'un texte, précédées d'une notice sur Grandville, par M. Charles Blanc; nouvelle édition, revue et complétée pour le texte par M. J. Janin. *Paris, Garnier fr.,* 1869. Gr. in-8, papier vélin, gravures en couleurs, demi-rel. mar. vert, n. rog.

107. La Métamorphose d'Ovide figurée. *Lyon, par Jean de Tournes,* 1564. In-8, mar. olive, fil. dos orné, dent. int. (*Capé.*)

Ornements à chaque page et fig. du Petit Bernard.
Seconde édition.

108. Le Monde tel qu'il sera, par Émile Souvestre, illustré par M. Bertall, O. Penguilly et Saint-Germain. *Paris, W. Coquebert, s. d.* Gr. in-8, vignettes dans le texte, demi-cart. avec coins toile grise, n. rog.

109. Le Monde tel qu'il sera, par Émile Souvestre, illustré par Bertall. *Paris, Coquebert, s. d.* In-8, vignettes dans le texte et figures hors texte, demi-rel. mar. citr. avec coins, tr. supér. dor.

110. Monsieur Cothurne, ami de monsieur Botte, ou la Débutomanie. *Paris,* 1803. In-12, frontispice cart. n. rog.

111. Musée, ou Magasin comique de Philipon. *Paris, Aubert,* 1849. 3 vol. in-4, cart. et relié.

Dessins par Alophe, Cham, Daumier, E. Forest, Gavarni, Grandville, Janet, Lorentz, H. Monnier, Trimolet, Vernier, etc.

112. Le Musée pour rire, dessins par tous les caricaturistes de Paris, texte par MM. L. Huart, Ch. Philipon, etc. *Paris, Aubert,* 1839. 2 vol. in-4, nombr. planches lithographiées, v. dent. tr. jasp.

113. Les Nouveaux Jeux floraux, principes d'analogie des fleurs exposés, par Eugène Nus et Antony Méray, illustrations par Ch. Geoffroy. *Paris, Gabr. de Gonet.* In-8, fig. cart. original, tr. dor.

114. Nouveaux Voyages et nouvelles impressions lithographiques, philosophiques et comiques de MM. Trottman et Cham. *Paris, Aubert, s. d.* In-4, n. relié.

20 planches lithographiées.

115. Les Papillons, métamorphoses terrestres des peuples de l'air, par Amédée Varin, texte par Eug. Nus et Antony Méray. *Paris, Gabriel de Gonet, s. d.* 2 vol. gr. in-8, papier vélin, figures hors texte en couleurs, demi-rel. avec coins mar. rouge, jans.

Exemplaire relié sur brochure.

116. Les Parisiennes, par A. Grévin et Adrien Huart. *Pa-*

ris, Dreyfous, s. d. Gr. in-8, nombreuses vignettes noires et en couleurs, demi-rel. avec coins chagr. rouge, dos orné, tr. supér. dor. n. rog.

Toutes les couvertures de séries ont été conservées.

117. Paris. Illustrations, album de gravures, avec textes, par Béranger, Vict. Hugo, J. Janin, etc. *Paris, Pourrat fr.*, 1838. In-8, figures chagr. viol. compart. tr. dor.

118. Paris-Londres. Keepsake français, nouvelles inédites illustrées. *Paris, Delloye*, 1841. 3 vol. in-8, gravures anglaises, demi-rel. mar. bleu, tr. dor.

119. Parodie du Juif errant, par Ch. Philipon et Louis Huart, 300 vignettes par Cham. *Bruxelles*, 1845. In-8, cart. tr. supér. dor. n. rog.

120. Petites misères de la vie humaine, par Old Nick et Grandville. *Paris, H. Fournier*, 1846. In-8, demi-rel. chagr. vert, tr. jasp.

Papier vélin, vignettes dans le texte et hors texte.

121. Petites Misères de la vie conjugale, par H. de Balzac, illustrées par Bertall. *Paris, Klendowski, s. d.* Gr. in-8, pap. vél. nombreuses fig. intercal. dans le texte et hors texte, demi-rel. avec coins maroq. rouge, fil. dos orné, tr. supér. dor. ébarb.

122. Les Prisons de Paris, histoire, types, mœurs, mystères, par M. Alhoy et L. Lurine, édition illustrée. *Paris, Havard*, 1846. Gr. in-8, gravures hors texte par Eustache Lorsay, cart. dos et coins, tr. bleue, non rogné.

123. Les Prisons de Paris, histoire, types, mœurs, mystères, par Maurice Alhoy et Louis Lurine, édition illustrée. *Paris, Gust. Havard*, 1846. Gr. in-8, vignettes dans le texte et figures hors texte, demi-rel. mar. rouge, tr. jasp.

124. Retour de la Nouvelle-Calédonie. — De Nouméa en Europe, 200 illustrations contenant 700 sujets, dessins de Denis, Desjours, V. Gilbert, Mathon, D. Vierge, E. Hareux, etc. *Paris, F. Jeanmaire, s. d.* Gr. in-8, papier vél. figures, br.

125. Scènes de la vie privée et publique des animaux, vignettes, par Grandville. Études de mœurs contemporaines,

publiées sous la direction de M. P.-J. Stahl. *Paris, J. Hetzel et Paulin*, 1842-1844. 2 vol. gr. in-8, figures, demi-rel. avec coins mar. rouge, fil. tr. supér. dor. éb.

126. Le Secret de Rome au XIXe siècle, le peuple, la cour, l'Église, par Eug. Briffaut, illustré de 200 dessins. *Paris, P. Boizard*, 1846, gr. in-8, papier vélin, vignettes dans le texte et figures hors texte, demi-rel. chagr. vert, tr. jasp.

127. Si jeunesse savait, si vieillesse pouvait, par Frédéric Soulié, orné de cent illustrations d'après les dessins de E. Giraud et Célestin Nanteuil. *Paris, Ch. Gosselin*, 1844. Gr. in-8, nombr. vignettes interc. dans le texte, demi-rel. avec coins mar. viol. jans.

Exemplaire relié sur brochure.

128. Taschenbuch für das Jahr 1813. *Francfurt am Meyn*, 1813. In-16 cart. v. rouge, antiq. étui.

15 gravures.

129. Toppfer. Collection d'albums comprenant : L'Histoire de M. Vieux-Bois. — Histoire de M. Cryptogame. — M. Crépin. — M. Pencil. — Histoire de M. Jabot. — Le docteur Festus. — Histoire d'Albert. *Paris, Garnier fr.*, 1860. Ens. 7 vol. gr. in-8 obl. nombr. dessins lithographiés, demi-rel. mar. rouge, tr. supér. dor. n. rog.

130. Les Toquades, illustrées par Gavarni; études de mœurs, par Ch. de Bussy. *Paris, P. Martinon, s. d.* Gr, in-8, papier vélin, figures hors texte, demi-cart. percal. tr. supér. dor. éb.

131. Histoire de France tintamarresque depuis les temps les plus reculés jusqu'à nos jours, par Touchatout. *Paris, journal de l'Éclipse*. Gr. in-8, cart. dos et coins toile rouge, n. rogné.

Illustrations de G. Lafosse, dessins noirs et coloriés.

132. Touchatout. Le Trocadéroscope, album-journal de l'Exposition universelle. *Paris, Jennaire*, 1878. Gr. in-8, figures, cart. toile rouge, n. rogné.

250 dessins noirs et coloriés par Alfred Le Petit.

133. Touchatout. La Dégringolade impériale. *Paris, chez tous les libraires (Maurice Dreyfus)*, 1878. Gr. in-8, cart. toile rouge, avec coins, n. rogné.

Dessins de G. Lafosse.

134. Trois Artistes incompris et mécontents, leur voyage en province... et ailleurs..., leur faim dévorante et leur déplorable fin, par Gustave Doré. *Paris, Arnaud de Vresse, s. d.* In-4, n. relié.

25 planches lithographiées.

135. Une Saison à Aix-les-Bains, par A. Achard, illustrations par E. Ginain. *Paris, Bourdin, s. d.* Gr. in-8, papier vélin, figures dans le texte et hors texte, cart. dos et coins, toile bleue, n. rog. (*Cavayon.*)

136. J. Van der Veens, zinne-beelden oft Adams Appel. *Amst.*, 1642. In-4, v. *figures d'emblèmes.*

137. Vocabulaire des enfants, dictionnaire pittoresque, illustré par un grand nombre de petits dessins, 2e édition. *Paris, Aubert,* 1839. Gr. in-8, nombr. vignettes interc. dans le texte, cart. dos et coins toile, n. rogné.

138. Voyage à ma fenêtre, par Arsène Houssaye. *Paris, V. Lecou, s. d.* In-8, papier vélin, vignettes dans le texte et figures hors texte, demi-rel. chagr. vert, plats toile chagr. tr. dor.

---

139. Le Nouvel Opéra, par Charles Nuitter, archiviste de l'Opéra. *Paris, Hachette,* 1875. In-8, vignettes dans le texte et figures hors texte, broché.

Exemplaire sur PAPIER DE CHINE.

140. Les Symphonies de l'hiver, par M. Jules Janin, illustrations de Gavarni. *Paris, Morizot,* 1858. Gr. in-8, demi-rel. avec coins de mar. rouge, dos orné, tr. supér. dor. n. rog. (*Vve Niedrée.*)

Exemplaire sur grand PAPIER DE HOLLANDE, provenant de la bibliothèque de M. J. Janin.

BELLES-LETTRES

I. LINGUISTIQUE

141. Histoire des révolutions de l'esprit français, de la langue et de la littérature françaises au moyen âge, ouvrage posthume de F. Bancel, avec une préface par A. Méray. *Paris, Claudin,* 1878. In-12, portrait gravé à l'eau-forte, demi-rel. mar. avec coins, dos orné, n. rogné.

142. Vocabulaire des enfants, dictionnaire pittoresque illustré par un grand nombre de petits dessins, deuxième édition. *Paris, Aubert,* 1839. Gr. in-8, papier vélin, texte à 2 col. vignettes dans le texte, demi-rel. chagr. rouge, tr. jasp.

143. Lorédan Larchey. Dictionnaire historique d'argot. *Paris, Dentu,* 1878. In-12, cart. n. rogné.

144. A. Delvau. Dictionnaire de la langue verte, deuxième édition. *Paris, Dentu,* 1866. In-12, cart. toile bleue, n. rogn. avec sa couverture imprimée.

Rare et recherché.

II. POÈTES ANCIENS ET MODERNES

145. Homère. Iliade et Odyssée, traduction nouvelle, accompagnée de notes, d'explications et de commentaires, par Eugène Bareste, illustrées par MM. Théod. Devilly et A. Titeux. *Paris, Lavigne,* 1842-1843. 2 vol. in-8, papier vélin, vignettes dans le texte et figures hors texte, demi-cart. avec coins percal. grise, non rognés.

146. Idylles de Théocrite, traduites par J.-B. Gail, édition ornée de figures dessinées par Barbier, Moreau et Chaudet. *A Paris, de l'imprimerie de Didot jeune, l'an IV.* 2 vol. in-12, figures, v. rac. dent. tr. dor.

Exemplaire en papier vélin; 20 figures de Barbier, Moreau, Chaudet et

Queverdo, AVANT LA LETTRE; le portrait de Gail est à l'état d'eau-forte, ainsi que 6 figures (pour les Idylles 1re, 4, 6, 10, 16, 19).

Les figures de Queverdo, ajoutées au tome deuxième, ont été tirées avec cache.

147. D. Junii Juvenalis et Persii Flacci Satiræ, ad fidem optimarum editionum. *Oxonii*, 1845. In-16, mar. rouge, dos orné, fil. tr. dor. (*Niedrée.*)

148. Recueil de poésies françoises des XVe et XVIe siècles, morales, facétieuses, historiques, etc. *Paris, P. Jannet*, 1855-1877. 12 vol. in-12, cart. percale rouge, n. rog.

Mq. le tome XIe.

149. La Chanson de Roland, texte critique, traduction et commentaire par Léon Gautier. *Tours, Mame*, 1875. In-8, figures hors texte gravées à l'eau-forte, cartonné, n. rogn.

150. Œuvres de Louïze Labé, Lionnoise. *Lyon, Scheuring*, 1862. In-8, papier vergé teinté, mar. br. dos orné, tr. dor. (*David.*)

Tiré à petit nombre.

151. Les Œuvres de Fr. Villon. *A Paris, Coustelier*, 1723. In-12, mar. r. anc. (*Aux armes de Maria Leczinska.*)

Remboîtage.

152. Œuvres complètes de François Villon, nouvelle édition revue, corrigée et mise en ordre avec des notes historiques et littéraires, par P. Lacroix. *A Paris, P. Jannet*, 1854. In-12, cart. percal. rouge, n. rog.

153. Recueil des plus belles pièces des poètes françois depuis Villon jusqu'à Benserade (choisies par Fontenelle) avec la vie de chaque poète. *A Paris, par la compagnie des libraires*, 1752. 6 vol. pet. in-12, v. marbr.

Livre connu sous le titre de « *Recueil de Barbin* ».

154. Œuvres de Clément Marot de Cahors, valet de chambre du roy, revues et augmentées de nouveau. *A la Haye, chez Adrien Moetjens*, 1700. 2 vol. in-12, v. f. antiq.

Bel exemplaire de cette édition recherchée.

155. Œuvres complètes de Mathurin Regnier avec les commentaires, revus et corrigés, précédés de l'histoire de la satire en France, par Viollet-le-Duc. *A Paris, chez P. Jannet*, 1853. In-12, cart. percal. rouge, n. rog.

156. Les Vraies Centuries et propheties de maistre M. Nostradamus avec la vie de l'auteur. *A Amsterdam*, 1668. In-12, mar. viol. dos orné, dent. tr. dor. (*Thouvenin*).

Jolie édition donnée par les Elzeviers. Haut. 128 mill.

157. Les Oracles de Michel de Nostre-Dame, astrologue, *édition Ne varietur*, par Anatole Le Pelletier. *Paris, Le Pelletier*, 1867. 2 vol. in-8. demi-rel. mar. jonq. dos orné tr. super. dor. éb.

158. Les Quatrains des sieurs Pybrac, Favre et Mathieu. *A Paris, chez A. Robinot*, 1640. In-8, mar. r. foncé, dos orné fil. (*Allô.*)

Frontispice gravé et figures.
Exemplaire de Poulet-Malassis.

159. Jardin des muses où se voyent les fleurs de plusieurs agréables poésies recueillies de divers auteurs tant anciens que modernes. *A Paris, chez Antoine de Sommaville et Aug. Courbé*, 1643. In-12, cart. percal. grise, tr. supér. dor.

Court en tête.

160. Œuvres diverses du sieur Boileau-Despréaux, avec le Traité du sublime ou du merveilleux dans le discours traduit du grec de Longin; nouvelle édition, revue et augmentée. *A Paris, chez Denys Thierry*, 1701. 2 vol. in-12, frontispice gravé par Landry, mar. rouge, dos orné, fil. dent. int. tr. dor. (*Hardy.*)

Cette édition fut donnée par Boileau cinq mois après l'édition in-4, mise en vente au mois de mars 1701; celle dans le format in-12 ne le fut qu'au mois de juillet, et l'auteur profita de cet intervalle pour apporter dans le texte quelques changements importants.

161. Œuvres de Boileau-Despréaux avec des éclaircissements historiques donnés par lui-même et rédigés par M. Brossette, avec des remarques et des dissertations critiques par M. de Saint-Marc. *A Amsterdam, Changuion*, 1772. 5 vol. in-8, figures de Bernard Picart, v. f. antiq. fil.

162. Œuvres de Boileau, illustrées par MM. Tony Johannot, J.-J. Grandville et Devéria, avec une notice par M. Daunou. *Paris, Pilout*, 1845. Gr. in-8, papier vélin, figures hors texte, br. jolie couverture de 2me tirage conservée.

163. Fables de la Fontaine, édition illustrée par G. David, accompagnée d'une notice historique et de notes, par le

baron de Walckenaer. *Paris, A. Aubrée, s. d.* 2 vol. in-8, portrait, frontispices en couleur et vignettes dans le texte, demi-rel. avec coins mar. grenat, jans.

Exemplaire relié sur brochure.

164. Fables de la Fontaine illustrées, par J.-J. Grandville, nouvelle édition. *Paris, H. Fournier aîné,* 1839. 2 vol. gr. in-8, demi-rel. avec coins, mar. citr. dos orné, fil. tr. supér. dor. éb.

Exemplaire contenant les 240 figures de Grandville.

165. Fables de la Fontaine, notices par M. Poujoulat, cinquante gravures et un portrait à l'eau-forte par V. Foulquier. *Tours, Alfr. Mame,* 1875. 2 vol. gr. in-8, portrait et vignettes gravés, demi-rel. avec coins mar. bleu, dos orné, fil. tr. supér. dor. éb. (*Allô.*)

Exemplaire en papier de Hollande avec la suite ajoutée de 72 eaux-fortes d'après Oudry, gravées par Courtry, Greux, Lerat, Monziès, etc., publiée par l'éditeur Alph. Lemerre; épreuves sur papier de Hollande, avant la lettre.

166. Contes et nouvelles de la Fontaine, édition illustrée. *Paris, Bourdin,* 1839. Gr. in-8, figures hors texte, par MM. Tony Johannot, Cam. Roqueplan, Devéria, C. Boulanger, Janet-Lange, François, etc., broché. (*Anc. couv.*)

Exemplaire sur grand papier vélin.

167. Œuvres de Gresset. *Paris, E. Houdaille,* 1839. In-8, papier vélin, portrait, figures hors texte, par Laville, cart. perc. grise, tr. supér. dor. éb.

168. Œuvres de Gresset. *Paris, Houdaille,* 1839. Pet. in-8, vignettes dans le texte et figures hors texte, demi-rel. avec coins, mar. cit. tr. super. dor. n. rog.

169. Les Tourterelles de Zelmis (par Dorat). *S. l. n. d.* (Paris, 1769). — Le Pot pourri, épître à qui on voudra; suivi d'une autre épître (par le marquis de Pezay). *Genève et Paris,* 1764 — Zélis au bain (*Genève,* 1763). — Les Dévirgineurs et Combalus, contes en vers (par Dorat). *Amsterdam,* 1765. — Lettres en vers, ou épîtres héroïques et amoureuses. *A Paris,* 1766. — Ens. 5 ouvrages en 1 vol. in-8, v. antiq. marbr.

Papier de Hollande. Jolies illustrations d'Eisen.

170. La Peinture, poème en 3 chants, par Lemierre. *Paris, Le Jay, s. d.* (1769). In-4, titre gravé, contenant le

portrait de Corneille en médaillon et 3 fig. de Cochin, v. rac. dent. tr. dor.

171. **LES BAISERS, précédés du Mois de mai, poème (par Dorat).** *A la Haye et se trouve à Paris, chez Lambert et Delalain,* 1770. In-8, figures, vignettes et culs-de-lampe, par Eisen et Marillier, mar. bleu, dos orné, fil. tr. dor. (*Gruel.*)

Exemplaire sur PAPIER DE HOLLANDE avec les titres en rouge; portrait de l'auteur ajouté gravé par Aug. de Saint-Aubin, d'après Denon. Après le titre se trouve un feuillet contenant une épître : *A Monsieur Dorat, sur ses baisers qu'il vend un louis* (ce feuillet est un peu plus court que l'exemplaire).

Petit raccommodage au titre, tache au titre du troisième baiser.

172. LES BAINS DE DIANE ou le Triomphe de l'Amour, poème (par Desfontaines). *Paris, Costard,* 1770. In-8, mar. bl. fil. tr. dor. (*Chambolle-Duru.*)

Frontispice et figures de Marillier.

173. LE TABLEAU DE LA VOLUPTÉ ou les Quatre Parties du jour, poème, par M. d. B. (du Buisson). *A Cythère, au temple du Plaisir,* 1771. In-8, fig. d'Eisen, mar. bl. fil. dos orné doubl. de mar. citr. tr. dor. (*Reymann.*)

Bel exemplaire.

174. ORIGINE DES GRACES, par mademoiselle D. (Dionis). *A Paris,* 1777. Gr. in-8, mar. bl. dos orné, dent. int. (*Chambolle-Duru.*)

Frontispice et figures de Cochin.

175. Tangu et Félime, poème en quatre chants, par M. de la Harpe. *Paris, Pissot,* (*s. d.*). In-8, titre et figures, par Marillier, gravé par Poncet Gravelot, v. rac. fil. tr. dor.

176. LA HARPE. Tangu et Félime, poëme en quatre chants. *Paris, Pissot* (*s. d.*). In-8, titre et gravures d'après Marillier, mar. bl. fil. dos orné, tr. dor. (*Cuzin.*)

Bel exemplaire.

177. Le Fond du sac, recueil de contes en vers (par F. Nogaret). *Rouen, chez Lemonnier* (*Évreux, impr. de Ch. Hérissey*), 1879. 2 vol. in-8, vignettes, mar. bl. dos orné, fil. tr. dor. (*Marius Michel.*)

Exemplaire sur PAPIER DE CHINE, avec la suite des vignettes, TIRAGE A PART, ajoutée.

178. Les Plaisirs de l'amour, ou Recueil de contes, histoires et poëmes galans (par la Fontaine, Dorat, Gresset, etc.). *Chez Apollon, au Mont-Parnasse* (*Cazin*), 1782. 3 vol. in-16 ornés d'un frontispice et 16 jolies figures non signées, mar. grenat, dos orné, fil. dent. int. tr. dor. (*Gruel.*)

Ce recueil contient : l'Amour oiseleur, les Dévirgineurs, les Cerises, Alphonse, Parapilla, Joconde, Rosine, les Trois Manières, Vert-Vert, Camille, Ce qui plaît aux Dames, la Fiancée du Roi de Garbe, le Petit Chien.

179. Délassemens du boudoir, recueil de poésies galantes dont la plupart n'ont pas encore été imprimées, avec un frontispice en taille-douce. *S. l.*, 1790. In-12, frontispice, demi-rel. mar. citr. avec coins, tr. sup. dor. n. rogn.

Contes et autres poésies galantes, dont un bon nombre ne se rencontrent que dans ce volume.

180. Œuvres de P.-J. Bernard, ornées de gravures d'après les dessins de Prudhon. *A Paris, de l'imprimerie de P. Didot l'aîné*, 1797. In-4, papier vélin, figures, demi-rel. v. rouge.

Exemplaire avec les figures AVANT LA LETTRE. A la suite se trouve l'opéra de *Castor et Pollux*.

181. La République en vaudevilles, précédée d'une notice des principaux évènements de la Révolution, pour servir de calendrier à l'année 1793 (par Fr. Marchant). *Paris, chez les marchands de nouveautés*, 1793. In-16. — Le Chansonnier patriote, ou Recueil de chansons, vaudevilles et pots-pourris patriotiques par différents auteurs. *Paris, Garnery, l'an Ier de la République française*. In-12, figure. Ens. 2 vol. cart. en percal. grise, tr. supér. dor. ébarb.

182. Contes, Anecdotes, Chansons et Poésies diverses de Capelle. *Paris, Perronneau*, 1818. In-12, figure par Tourcaty et Macret, demi-rel. mar. citr. dos orné, tr. sup. dor. n. rogn.

183. Jocelyn, épisode. Journal trouvé chez un curé de village, par A. de Lamartine. *Paris, Hachette, Pagnerre et Furne*, 1861. Pet. in-12, mar. bl janséniste, tr. dor. (*Gruel.*)

Exemplaire sur PAPIER DE CHINE.

184. Le Sylphe, poésies de Ch. Dovalle, précédées d'une

notice par Louvet et d'une préface par V. Hugo. *Paris, Ladvocat*, 1830. In-8, papier vélin, broché.

Édition originale.

185. Poésies d'Hippolyte Tampucci, garçon de classe au collège Charlemagne. *Paris*, 1832. In-12 car. broché, couv. bl.

Rare.

186. Poésies de Théophile Gautier. *Paris, Ch. Mary*, 1830. In-12, demi-rel. dos mar. r. (*R. Petit.*)

Première édition, fort rare. Exemplaire non rogné avec sa couverture originale.

187. Némésis, par Barthélemy; quatrième édition, ornée de 15 gravures d'après les dessins de Raffet. *Paris, Perrotin*, 1835. 2 vol. in-8, figures, demi-rel. avec coins de mar. rouge, tr. supér. dor. éb.

188. La Chevalerie, ou les Histoires du moyen âge, composées de la Table ronde, Amadis, Roland, poëmes sur les trois grandes familles de la chevalerie romanesque, par A. Creuzé de Lesser. *Paris, I. Ponce-Lebas*, 1839. Gr. in-8, texte à 2 col. portr. de l'auteur, demi-rel. v. fauve, tr. marbr.

189. Contes Rémois (par le comte de Chevigné). *Paris, Firmin Didot*, 1839. In-12, couvert. bl. non rogn.

Édition originale. Bel exemplaire.

190. Contes Rémois (par le comte de Chevigné), illustrés par M. Perlet. *Paris, Hetzel*, 1843. Gr. in-8, papier vélin, gravures hors texte, cart. percal. blanche, n. rogn.

Bel exemplaire de premier tirage.

191. Comte de Chevigné. Les Contes Rémois; dessins de E. Meissonier. *Paris, libr. de l'Académie des bibliophiles*, 1868. In-12, portrait de l'auteur et vignettes gravées, demi-rel. chagr. bleu, tr. supér. dor. n. rogn.

192. Comte de Chevigné. Les Contes Rémois; dessins de E. Meissonier; huitième édition. *Paris, librairie de l'Académie des bibliophiles*, 1868. In-8, papier vélin, portrait de l'auteur et vignettes, demi-cart. avec coins, percal. grise, n. rog.

193. Comte de Chevigné. Les Contes Rémois; douzième

édition, dessins de Jules Worms, gravés à l'eau-forte par Paul Rajon. *Paris, Librairie des bibliophiles,* 1877. In-12, portrait de l'auteur et figures, mar. citron, dos orné, fil. tr. dor.

194. Némésis médicale illustrée; recueil de satires par François Fabre. *Paris,* 1840. 2 tomes en 1 vol. in-8, pap. vél. vignettes, demi-rel. avec coins, mar. vert, tr. supér. dor. ébarb. reliure jansén. (*Galette.*)

30 vignettes dessinées par Daumier.

195. Péchés de jeunesse, par Alexandre Dumas fils. *Paris, Fellens et Dufour,* 1847. Gr. in-8, mar. rouge, dos orné, fil. dent. int. tr. dor.

Ces poésies sont d'une grande rareté.

Bel exemplaire avec un portrait ajouté de l'auteur, gravé par A. Legenisel; *épreuve sur chine avant la lettre.*

196. Fables de P. Lachambeaudie, illustrées d'après les dessins de d'Aubigny, Gérard Seguin, Cabasson, Adrien Guignet, C. Nanteuil, Staal, etc. *Paris, J. Bry,* 1855. Gr. in-8, texte à 2 col. portrait et figures hors texte, br. couverture imprimée.

197. Donaniel, poème, par Léon Grandet, avec une eau-forte de Léopold Flameng. *Paris, Faure,* 1866. In-12 carré, br.

198. Le Parnasse satyrique du XIXe siècle, recueil de vers piquants et gaillards de MM. Béranger, V. Hugo, E. Deschamps, A. Barbier, A. de Musset, etc. *Rome, à l'enseigne des Sept Péchés capitaux.* 2 vol. in-12, demi-rel. avec coins, mar. r. tr. supér. dor. n. rogné.

199. Le Nouveau Parnasse satyrique du XIXe siècle, suivi d'un appendice au Parnasse satyrique. *Eleuthéropolis,* 1866. 2 tomes en 1 vol. in-12, papier de Hollande, frontispice à la sépia sur chine, cartonné, n. rogné.

200. Le Parnassiculet contemporain, recueil de vers nouveaux, précédé de l'Hôtel du Dragon bleu et orné d'une très étrange eau-forte. *Paris, J. Lemer,* 1867. In-8, demi-rel. mar. r. avec coins, tr. supér. dor. éb.

201. Le Parnassiculet contemporain, recueil de vers nouveaux, précédé de l'Hôtel du Dragon bleu et orné d'une

très étrange eau-forte (par MM. Paul Arène, Alfr. Delvau, J. du Boys, Alph. Daudet et Renard). *Paris, Libr. centr.* 1867. In-12 de 36 pages, papier vélin, broché.

L'eau-forte est de M. Delor, élève de M. Gérome.

202. Émile Négrin.—Les Contes gaulois, en vers. *S. l. n. d.* In-12, demi-rel. mar. br. avec coins, tr. supér. dor. n. rog.

Tiré sur papier de couleur. Exemplaire portant l'*Ex libris* de Théophile Gautier.

203. Le Livre des sonnets. Dix dizains de sonnets choisis. *Paris, Lemerre*, 1874. In-8, papier de Hollande, texte encadré d'un filet rouge, demi-rel. dos et coins mar. v. tr. supér. dor. n. rog.

204. Victor Hugo. — La Légende des siècles, nouvelle série. *Paris, Calmann-Lévy*, 1877. 2 vol. in-8, demi-rel. avec coins mar. bleu, dos orné, tr. supér. dor. éb.

205. Les Amoureux du livre, sonnets d'un bibliophile, fantaisies, commandements du bibliophile, bibliophiliana, notes et anecdotes, par Fertiault, préface de Paul Lacroix *Paris, A. Claudin (Lyon, impr. Louis Perrin)*, 1877. In-8, papier vergé, 16 eaux-fortes de Jules Chevrier, demi-rel. avec coins, mar. brun, tr. supér. dor. éb.

---

206. CHANTS ET CHANSONS populaires de la France. *Paris, Delloye,* 1843. 3 vol. in-4, figures et musique gravées, mar. citron, dos orné et mosaïqué de mar. vert fil. dent. int. tr. dor. *dans un étui.*

Très bel exemplaire de PREMIER TIRAGE avec les couvertures et les illustrations de E. de Beaumont, Daubigny, Dubouloz, E. Giraud, Meissonier, Pascal, Staal, Steinheil et Trimolet.
Hauteur : 273 mill.

207. Anacréon en belle humeur, ou les Grâces en goguette, Chansonnier françois. *Paris, Desnos, s. d.* In-16 mar.

10 figures.
Reliure ancienne, très fatiguée.

208. Chansons choisies, avec les airs notés. *Genève (Cazin)*, 1782. 4 vol. in-18, frontispice et planches de musique gravées, mar. rouge, fil. tr. dor. (*Reliure ancienne.*)

209. Chansons par M. J.-P. de Béranger. *Paris, chez les*

marchands de nouveautés (*de l'imprimerie des Firmin-Didot*), 1821. 2 vol. pet. in-12, demi-rel. bas.

Deuxième partie originale contenant 84 chansons nouvelles. Exemplaire avec témoins.

210. Œuvres de P.-J. de Béranger, édition illustrée par J.-J. Granville. *Paris, H. Fournier et Perrotin*, 1836. 3 vol. in-8, fig. demi-rel. avec coins mar. citron, dos orné et mosaïqué de mar. vert, fil. tr. supér. dor. éb.

Bel exemplaire avec un portrait de Béranger par Hopwood, et les figures de Grandville du premier tirage; on a ajouté, outre les figures de l'édition, les 53 figures de Lemud en premier tirage, et la suite, d'après Charlet, de Lemud, Johannot et Raffet.

Le tome troisième contient les 8 gravures libres renfermées dans un des plats de la reliure de ce volume.

En tête du tome premier on a joint une lettre autographe signée de Béranger, datée du 7 septembre 1830.

211. Chansons de Béranger. — Supplément. *Paris*, in-8, broché.

---

212. Arioste. — Roland furieux, traduction en prose par Philipon de la Madelaine. Edition illustrée par Tony Johannot, Baron, Français et C. Nanteuil. *Paris, Mallet*, 1844. Gr. in-8, pap. vél. 25 planches sur chine, lithograph. et nombr. fig. interc. dans le texte, cartonnage original non rog.

III. THÉATRE

213. Ch. Magnin. — Les Origines du théâtre antique et du théâtre moderne. *Paris*, 1868. In-8, demi-rel. mar. la Vall. tr. sup. dor. n. rog. — Histoire des marionnettes en Europe, depuis l'antiquité jusqu'à nos jours, *Paris, Michel Lévy*, 1852. In-8, demi-rel. mar. v. dos orné, tr. supér. dor. n. rog. Ens. 2 vol.

214. Traité de la comédie et des spectacles, selon la tradition de l'Église, tiré des Conciles et des Saints Pères (par Armand de Bourbon, prince de Conty). *Paris, Billaine*, 1667. Pet. in-8, vélin blanc moderne, titre calligraphié en couleur sur le dos. (*Knecht.*)

215. Théodore Muret. — L'Histoire par le théâtre, 1789-1851. *Paris, Amyot*, 1865. 3 vol. in-12, demi-rel. chagr. rouge, tr. supér. dor. n. rog.

216. Cours de littérature dramatique, ou Recueil par ordre des matières des feuilletons de Geoffroy. *Paris, Pierre Blanchard*, 1825. 6 vol. in-8 demi-rel. v. vert, tr. marbré.

217. Histoire de la littérature dramatique, par Jules Janin. *Paris, Michel Lévy fr.*, 1853-1858. 6 vol. in-12, demi-rel. chagr. rouge, tr. jasp.

218. Cours de littérature dramatique, par M. Saint-Marc Girardin. *Paris, Charpentier*, 1872. 5 vol. in-12, demi-rel. mar. rouge, tr. supér. dor. n. rog.

219. Recherches sur les théâtres de France depuis l'année onze cent soixante-un jusques à présent, par M. de Beauchamps. *Paris, Prault*, 1735. Fort vol. in-4, papier fort, v. antiq. mar.

220. Histoire du théâtre françois depuis son origine jusqu'à présent (1721) (par les frères François et Claude Parfaict). *Paris, P.-G.-L. Mercier*, 1745-1748. 15 vol. in-12, v. antiq. marbr.

221. Histoire anecdotique de l'ancien théâtre en France, par A. du Casse. *Paris, E. Dentu*, 1864. 2 vol. in-8, demi-rel. mar. rouge, tr. supér. dor. éb.

222. Les trois Théâtres de Paris, ou Abrégé historique de l'établissement de la Comédie-Françoise, de la Comédie-Italienne et de l'Opéra, avec un précis des loix, arrèts, etc., par M. des Essarts. *Paris, Lacombe*, 1777. In-8, v. marbr.

223. Histoire du Théâtre-Français depuis le commencement de la Révolution jusqu'à la réunion générale, par C.-G. Etienne et A. Martainville. *A Paris, chez Barba*, 1802. 4 tomes en 2 vol. in-12, portrait, cart. n. rog.

224. Le Théâtre français avant la Renaissance, 1450-1550, mystères, moralités et farces, précédé d'une introduction et accompagné de notes, par Ed. Fournier. *Paris, Laplace-Sanchez, s. d.* Gr. in-8, papier vélin, figures, demi-rel. avec coins, mar. rouge, tr. supér. dor. éb.

Ouvrage orné du portrait en pied colorié du principal personnage de chaque pièce, dessiné par MM. Maurice Sand, Allouard et Adr. Marie.

225. Histoire anecdotique du théâtre, de la littérature, et de diverses impressions contemporaines, par Charles Mau-

rice. *Paris, H. Plon,* 1856. 2 vol. in-8, demi-rel. chagr. bleu, dos orné, tr. sup. dor. éb.

226. Les Clercs du palais, recherches historiques sur les bazoches des parlements et les sociétés dramatiques des bazochiens et des enfants sans souci, par Adolphe Fabre. *Lyon, Scheuring,* 1875. Gr. in-8, frontip. demi-rel. mar. r. avec coins, dos orné, fil. tr. supér. dor. n. rog.

227. Le Grand Mystère de Jésus, Passion et Résurrection, drame breton du moyen âge, avec une étude sur le théâtre, par le vicomte de la Villemarqué. *Paris, Didier,* 1865. In-8, papier vélin, frontispice, demi-rel. mar. r. n. r.

228. Ancien Théâtre français, ou Collection des ouvrages dramatiques les plus remarquables, depuis les mystères jusqu'à Corneille, publié avec des notes et des éclaircissements, par M. Viollet-le-Duc. *Paris, P. Jannet,* 1854-1857. 10 vol. in-12, cart. percal. rouge, n. rog.

229. Répertoire du Théâtre-François, ou Recueil des tragédies et comédies restées au théâtre depuis Rotrou, avec des notices sur chaque auteur et l'examen de chaque pièce, par M. Petitot. *Paris, Foucault,* 1817-18. 25 vol. in-8, fig. demi-rel. chagr. bleu, tr. jasp.

230. Chefs-d'œuvre dramatiques, ou Recueil des meilleures pièces du Théâtre-François, tragique, comique et lyrique, avec des discours préliminaires sur les trois genres, etc., par M. Marmontel. *Paris, Brunet,* 1775. In-4, demi-rel. vél. tr. rouges.

Ce beau volume, le seul paru, renferme trois pièces : *Sophonisbe* de Du Ryer, 1 figure, 5 vignettes, 3 culs-de-lampe; *Scévole*, de Mairet, 1 figure, 5 vignettes, 3 culs-de-lampe; *Venceslas*, de Rotrou, 1 figure, 5 vignettes et 4 culs de lampe.
Premier tirage.

231. P. CORNEILLE. Théâtre avec des commentaires (par Voltaire). *Genève,* 1774. 8 vol. in-4, portrait et figures, mar. rouge, dos ornés, fil. tr. dor. (*Derome.*)

Reliure *aux Oiseaux* sur le dos des volumes. Nombreux témoins. Les figures de Gravelot et le portrait par Gaucher sont en belles épreuves

232. Théâtre de P. Corneille, avec des commentaires et autres morceaux intéressants (par Voltaire). *Genève* (*Berlin*),

1774. 8 vol. in-4, figures de Gravelot, demi-rel. avec coins mar. rouge, dos orné, fil. tr. supér. dor. n. rog.

C'est l'édition de 1764, avec de légères modifications; ce sont également les mêmes figures, seulement elles ont un encadrement varié en raison du format.

233. Chefs-d'œuvre dramatiques de P. et de T. Corneille. *Londres, Cazin,* 1783. 5 vol. in-18, portrait, v. éc. fil. tr. dor.

234. Les Œuvres de monsieur de Molière, revues, corrigées et augmentées, enrichies de figures en taille-douce. *Paris, Denys Thierry et Trabouillet,* 1682. 8 vol. in-12, figures, mar. r. jans. dent. int. tr. dor. (*Bénard, dor.*)

Première édition des Œuvres complètes donnée après la mort de Molière, par Vinot et Lagrange.

Bel exemplaire.

235. Œuvres de J.-P. Poquelin de Molière. *A Paris de l'imprimerie de Didot l'aîné,* 1791-1794. 6 vol. in-4, papier vélin, mar. rouge, tr. dor. (*Anc. rel.*)

236. Œuvres de Molière, précédées d'une notice sur sa vie et ses ouvrages, par M. Sainte-Beuve, vignettes par Tony Johannot. *Paris, Paulin,* 1835. 2 vol. gr. in-8, nombr. vignettes dans le texte, demi-rel. avec coins mar. jonq. dos orné et mosaïqué de mar. viol. tr. supér. dor. éb.

237. Œuvres complètes de Molière, précédées d'une notice sur sa vie, par Auger, nouvelle édition, ornée de gravures. *Paris, Furne,* 1844. Gr. in-8, texte à 2 col. portrait de Molière par Chenavard, gravé par Hopwood et Olivier, et figures par Horace Vernet, Desenne, A. Johannot, etc., demi-rel. chagr. bleu, fil. tr. jasp.

238. ŒUVRES COMPLÈTES DE MOLIÈRE. Nouvelle édition collationnée sur les textes originaux avec leurs variantes, précédée de l'histoire de sa vie et de ses ouvrages, par M. J. Taschereau. *Paris, Furne* (*typographie Henri Plon*), 1863. 6 vol. in-8, mar. vert, dos orné, fil. tr. dor. (*Capé.*)

Bel exemplaire sur papier vergé de Hollande (n° 38 sur 100).

On a ajouté : la suite des 31 gravures de Moreau, dont 1 portrait de Molière, publiées par Renouard.

Cette suite est en deux états, AVANT LA LETTRE et avec la lettre.

Le sujet d'Amphitryon est gravé par Roger.

239. Œuvres complètes de Molière, avec des notes de tous

les commentateurs. *Paris, Firmin-Didot fr.*, 1866. Gr. in-8, texte à 2 col. demi-rel. mar. rouge, tr. jasp.

On a ajouté à cet exemplaire la deuxième suite de Moreau, publiée par Renouard.

240. Œuvres de J.-B. Poquelin Molière, édition collationnée sur les textes originaux. *Paris, Delarue, s. d.* 8 tomes en 4 vol. in-12, mar. grenat, dos orné, fil. à froid, dent. int. tr. dor.

Exemplaire sur papier de Chine, auquel on a ajouté la jolie suite des vignettes de Hillemacher (tirage à part sur chine, 1864).

241. Castil-Blaze. — Molière musicien, notes sur les œuvres de cet illustre maître. 2 vol. — L'Opéra italien de 1548 à 1856. 1 vol. — L'Art des vers lyriques. 1 vol. *Paris*, 1852-1858. Ens. 4 vol. in-8, demi-rel. mar. la Vall. tr. supér. dor. n. rog.

242. Œuvres complètes de Regnard, avec une notice et des notes critiques, historiques et littéraires, par Beuchot, nouvelle édition ornée de 13 gravures d'après les dessins de Desenne. *Paris, Ad. Delahays*, 1854. 2 vol. gr. in-8, figures, demi-rel. avec coins mar. bleu, dos orné, tr. supér. dor. n. rog.

La suite des figures de Desenne est en deux états : 1 avec la lettre sur chine et avec la lettre sur blanc sans le cadre de filet.

243. Théâtre de Le Sage, publié avec notice et notes, par Georges d'Heylli. *Paris, Libr. génér.*, 1879. In-12, br.

Exemplaire sur papier de Chine.

244. Théâtre complet de Voltaire, précédé d'une introduction, par M. Édouard Fournier, *Paris, Laplace, Sanchez*, 1874. Gr. in-8, papier vélin, texte à 2 col. demi-rel. avec coins chagr. grenat, dos orné, fil. tr. supér. dor. éb.

Édition ornée de 20 portraits en pied coloriés, dessins de M. Geoffroy.

245. Pygmalion, scène lyrique de M. J.-J. Rousseau, mise en vers par M. Berquin, le texte gravé par Drouet. *Paris*, 1775. In-8, fig. de Moreau, mar. bl. fil. tr. dor. (*Chambolle-Duru.*)

Bel exemplaire.

246. Théâtre de Marivaux, publié avec notices et notes, par Georges d'Heylli. *Paris, Libr. génér.*, 1876. In-12, portrait, en feuilles.

Exemplaire sur papier de Chine.

247. Théâtre de M. Favart, ou Recueil des comédies, parodies et opéras comiques qu'il a donnés jusqu'à ce jour avec les airs, rondes et vaudevilles notés dans chaque pièce. *Paris, Duchêne*, 1763-72. 10 vol. in-8, portrait et figures, v. antiq. marbr.

248. Théâtre de Beaumarchais, accompagné d'une notice, par F. de Marescot, illustrations de M. Adrien Marie. *Paris, Librairie illustrée*, 1875. Gr. in-8, nombr. vignettes dans le texte et hors texte, demi-cart. tr. supér. dor. n. rog.

249. Théâtre de Sedaine, publié avec notices et notes, par Georges d'Heylli. *Paris, Libr. génér.* 1877. In-12, broché.

Exemplaire sur PAPIER DE CHINE.

250. Théâtre complet de Mercier. *A Amsterdam et à Leyde*, 1778. 4 vol. in-8, demi-rel. bas.

Bel exemplaire non rogné avec les jolies figures de F. Fritzschius.

251. Proverbes dramatiques, par M. Théodore Leclerc, nouvelle édition ornée de gravures en taille-douce d'après les dessins de MM. Johannot, etc. *Paris, Aimé André et Ladrange*, 1835-36. 8 vol. in-8, figures, demi-rel. chagr. grenat, tr. jasp.

252. Œuvres complètes de Victor Hugo, drame, tome septième. — RUY BLAS. *Paris, Delloye*, 1838. In-8, br.

ÉDITION ORIGINALE.
Exemplaire préparé pour la reliure.

253. Œuvres complètes de F. Ponsard, de l'Académie française. *Paris, Michel Lévy fr.*, 1865. 3 vol. gr. in-8, papier vélin, demi-rel. mar. rouge, dos orné, fil. tr. supér. dor. ébarbé.

254. Alexandre Dumas fils. La Dame aux Camélias, précédée d'une préface de Jules Janin. Édition illustrée par Gavarni. *Paris, Gustave Havard*, 1858. Gr. in-8, papier vél. gravures hors texte, demi-rel. avec coins mar. rouge, dos orné, fil. tr. supér. dor. éb.

255. Théâtre d'Alexis de Comberousse, précédé d'une notice par Jules Janin. *Paris, L. Hachette*, 1864. 3 vol. gr. in-8, papier vélin, texte à 2 col. demi-rel. chagr. rouge, tr. supér. jasp. n. rog.

256. Scènes populaires, dessinées à la plume, par Henri Monnier. *Paris, Dentu*, 1864. In-8, papier vélin, vignettes dans le texte, demi-rel. mar. la Vall. avec coins, tr. sup. dor. n. rog.

257. Chronique des petits théâtres de Paris, depuis leur création jusqu'à ce jour, par N. Brazier. *Paris, Allardin*, 1837. 2 vol. in-8, demi-rel. mar. rouge, tr. supér. dor. n. rog.

258. Le Théâtre de la foire, ou l'Opéra comique contenant les meilleures pièces qui ont été représentées aux foires de Saint-Germain et de Saint-Laurent; recueillies, revues et corrigées, par MM. Le Sage et d'Orneval. *Paris, Pierre Gandouin*, 1737. 10 vol. in-12, figures, v. antiq. marbr.

259. Théâtre des boulevards, ou Recueil de parades (par Corbie, de Sallé, Fagan, Montcrif et Piron). *Mahon*, 1756. 3 vol. in-12, frontispice au tome Ier, v. marbr.

260. Souvenirs des Funambules, par Champfleury. *Paris, M. Lévy*, 1859. In-12, demi-rel. v. rouge, tr. jasp.

261. Polichinelle, ex-roi des Marionnettes, devenu philosophe, par Lorentz. *Paris, Willermy*, 1848. Gr. in-8, pap. vélin, vignettes dans le texte, br. couv. impr.

262. Feu Séraphin. Histoire de ce spectacle, depuis son origine jusqu'à sa disparition (1776-1870). *Lyon, Scheuring*, 1875. In-8, papier vergé teinté, portrait et vignettes gravées à l'eau-forte, demi-rel. mar. r. avec coins, dos orné, tr. sup. dor. n. rog.

263. Théâtre des Marionnettes du Jardin des Tuileries, texte et composition des dessins par M. Duranty. *Paris, Dubuisson, s. d.* Gr. in-8, papier vélin, figures hors texte et vignettes coloriées, demi-rel. chagr. grenat.

264. Théâtre des Pupazzi, par Lemercier de Neuville. *Lyon, Scheuring*, 1876. In-8, papier vergé teinté, vignettes gravées à l'eau-forte, demi-rel. avec coins, mar. brun, tr. sup. dor. n. rog. (*Lanscelin*).

265. Théâtre lyonnais de Guignol, publié pour la première fois. — 2e Série. *Lyon, N. Scheuring*, 1870. In-8, papier vergé de Hollande, vignettes gravées, br.

266. Théâtre de campagne, ou Recueil de parades les plus amusantes, jouées sur les théâtres bourgeois. *Paris, Duchesne*, 1767. In-8, front. gr. v. antiq. marbr.

Contenant : la Mort de Bucéphale ; l'Eunuque, ou la Fidèle Infidélité ; Agathe, ou la Chaste Princesse; les deux Biscuits ; l'Heureuse Délivrance ; Madame Engueule.

267. Théâtre de campagne, par l'auteur des Proverbes dramatiques (H. Carmontelle). *Paris, Ruault*, 1775, 4 vol. in-8, v. éc. fil. tr. marb.

268. Œuvres de M. Vadé, ou Recueil des opéras-comiques, parodies et pièces fugitives de cet auteur, avec les airs, rondes et vaudevilles notés. *A Paris, chez N.-B. Duchesne*, 1758. 3 vol. in-8, demi-rel. v. tr. marbr.

269. Théâtre et Art dramatique. Ens. 11 vol. in-8, demi-rel. en mar. ou chagr. de différentes couleurs.

Le Théâtre, par Ch. Garnier. *Paris, Hachette*, 1871. — Mystères des Théâtres, 1852, par M. Edm. de Goncourt. *Paris*, 1853. — Essai d'une bibliographie générale du Théâtre, ou Catalogue raisonné de la Bibliothèque d'un amateur, complétant le catalogue Soleinne. *Paris, Tresse*, 1861. — Le Théâtre-Français. Monument et dépendances, par Ch. Meurice. *Paris, Garnier*, 1860. — J.-J. Rousseau. Lettres à d'Alembert. Théâtre. *Paris, Werdet et Lequien*, 1826 (tome XIe des Œuvres). — L'Art de s'enrichir par ses œuvres dramatiques. *Paris*, 1817. — Annuaire des Lettres, des Arts et des Théâtres, 1846. — Epaves, Théâtre, Histoire, Anecdotes, etc., par Ch. Meurice, 1865. — Chronique indiscrète du XIXe siècle. *Paris*, 1825. — Mémoires d'un Claqueur, par Robert. *Paris*, 1729. — Souvenirs de J. Nicolas Barba. *Paris, Ledoyen*, 1846.

270. Ouvrages sur le Théâtre et l'Art dramatique. Ens. 15 volumes in-12, demi-rel. chagr. et mar. de différentes couleurs.

Le Théâtre révolutionnaire, 1788-1799, par E. Jauffret. *Paris, Furne*, 1869. — A.-W. Schlegel. Cours de littérature dramatique. *Paris, Lacroix*, 1865, 2 vol. — Mémoires de Mlle Clairon, de Lekain, etc., par Barrière. *Paris, Didot*, 1857. — Le Théâtre français sous Louis XIV, par Eug. Despois. *Paris, Hachette*, 1874. — Anecdotes de théâtre, recueillies par L. Loire. *Paris, Dentu*, 1875. — Curiosités dramatiques, par Hipp. Lucas. *Paris, Garnier*, 1855. — Histoire de la Censure théâtrale en France, par V. Hallays-Dabot. *Paris, E. Dentu*, 1862. — La Vie des Comédiens, par E. Deschanel. *Paris, Hetzel.* — Les Spectacles populaires et les Artistes des rues, par V. Fournel. *Paris, Dentu*, 1863. — Les Spectacles forains et la Comédie-Française, par J. Bonnassis. *Paris, E. Dentu*, 1875. — L'Esprit au théâtre, par Em. Colombey. *Paris, Hetzel.* — Les Mystères des théâtres de Paris, par un vieux comparse. *Paris, Marchand*, 1844. — Cotillon III, par Georges d'Heylli. *Paris, Ach. Faure*, 1867. — Le Nouvel Opéra, par Ch. Nuitter, contenant 59 gravures sur bois et 4 plans. *Paris, Hachette*, 1875.

271. L'Opinion du parterre, ou Revue de tous les Théâtres

de Paris. *Paris, Martinet*, 1803-1813. 10 vol. pet. in-12, demi-rel. bas. verte, tr. jasp.

Le premier volume est consacré spécialement au Théâtre-Français; il est rédigé par Clément Courtois.

272. Le Gil Blas du Théâtre, par Michel Morin. *Paris, A.-J. Denain et Delamarre*, 1833. 2 vol. in-8, demi-cart. percal. viol. tr. jasp.

273. Galerie historique des Acteurs du Théâtre-Français, depuis 1600 jusqu'à nos jours, par P.-D. Lemazurier, *Paris, Chaumerot*, 1810. 2 vol. in-8, cart. percal. viol. n. rog.

Frontispice de Le Barbier, en tête du tome Ier, *avant la lettre*.

274. La Troupe de Molière et les deux Corneille à Rouen, en 1658, par F. Bouquet. *Paris, Claudin*, 1880, in-16, br.

Papier de Hollande, eau-forte en trois états, dont deux *avant la lettre*.

275. Mémoires de Fleury de la Comédie-Française (1757 à 1820), rédigés sur des notes authentiques et publiés par J.-B.-P. Lafite. *Paris, Ambr. Dupont*, 1836-1838. 6 vol. in-8, portrait, demi-rel. chagr. rouge, tr. supér. dor. n. rog.

276. Étrennes de Thalie, ou Précis historique sur les acteurs et actrices célèbres des trois grands théâtres de la capitale. *Paris*, 1811. In-16, demi-rel. mar. citr. avec coins, tr. supér. dor. n. rog.

60 portraits en couleurs.

277. Collection de portraits des artistes des théâtres de Paris, dessinés et lithographiés d'après nature par Colin. *Paris, Francisque Noel, s. d.* In-fol. demi-rel. bas. rouge.

72 portraits en pied.

278. Galerie des artistes dramatiques de Paris. *Paris, Marchant*, 1841-1842. 2 vol. in-4, demi-rel. bas. viol. tr. jasp.

80 portraits en pied, dessinés d'après nature par Al. Lagauchie, et accompagnés d'autant de portraits littéraires.
Piqûres d'humidités.

279. Galerie des portraits d'artistes des théâtres de Paris. *Paris, publié par Marchand*. 2 vol. in-4, portraits en pied lithographiés par Rigo frères, demi-rel. bas.

280. Mémoires de Mlle Flore, artiste du théâtre des Variétés.

Paris, 1845. 3 vol. in-8, demi-rel. chagr. rouge, tr. supér. dor. n. rog.

281. Collection de Paris-Théâtre, publication littéraire et artistique, contenant les portraits et les biographies des célébrités du théâtre contemporain. Directeur, Eugène Paz. *Paris*, 1873-1879. 6 vol. in-4, br. Nombreux portraits en photographie.

282. Les Tréteaux de Ch. Monselet, avec un frontispice dessiné et gravé par Braquemont. *Paris*, *Poulet-Malassis et de Broise*, 1859. In-12, demi-rel. dos et coins, mar. r. n. rog.

283. Bibliothèque du Théâtre-François depuis son origine, contenant un extrait de tous les ouvrages composés pour ce théâtre, depuis les mystères jusqu'aux pièces de Pierre Corneille (par le duc de la Vallière, Cl. Marin, J. Capperonnier et l'abbé J. Boudot). *Dresde*, *Michel Groell* (*Paris*, *Boucher*), 1768. 3 vol. in-8, v. marbr.

Prix d'adjudication mis à l'encre.

284. Bibliothèque dramatique de M. de Soleinne, catalogue rédigé par Paul Lacroix. *Paris*, *Administration de l'Alliance des Arts*, 1843-1846. 9 parties en 3 vol. in-8, demi-rel. chagr. citron, tr. supér. dor. éb.

Prix d'adjudication mis à l'encre.

285. Chefs-d'œuvre des théâtres étrangers, traduits en français par MM. Aignan, Andrieux, de Barante, Benj. Constant, Châtelain, Cohen, Denis, etc. *Paris, Ladvocat.* 1822-1823. 25 vol. in-8, demi-rel. v. br. tr. marbr.

286. The Works of Shakespeare, collated with the oldest copies, and corrected, with notes explanatory and critical by M. Theobald. *London,* 1767. 8 vol. in-12, v. f. antiq.

Édition avec les figures de Gravelot, gravées par des artistes anglais.

287. Œuvres complètes de Shakespeare, traduites par Em. Montégut, illustrées de gravures sur bois. *Paris, L. Hachette,* 1867. 3 vol. gr. in-8, texte à 2 col. nombr. figures, demi-rel. avec coins maroq. la Vallière, tr. supér. dor. n. rog.

288. Contemporains de Shakespeare. Massinger, trad. par

Ern. Lafond. *Paris*, *Hetzel*, 1864.—Beaumont et Fletcher. *Paris, Hetzel*, 1865. 2 vol. in-8, demi-rel. mar. r. n. rog.

289. Contemporains de Shakespeare. Ben Jonson, traduit par Ernest Lafond. *Paris, J. Hetzel,* 1863. 2 vol. in-8, demi-rel. mar. rouge, tr. supér. dor. éb.

290. Le Mémorial de W. Shakespeare, contes shakesperiens, par Charles Lamb, traduits de l'anglais par M. Alph. Bonghers. *Paris, Baudry,* 1842. Gr. in-8, gravures hors texte, demi-rel. avec coins, mar. rouge, jans.

Exemplaire relié sur brochure.

291. Il Pulcinella, et l'Homme des madones (Paris, Naples, Rome), par Roger de Beauvoir. *Paris, Abel Ledoux,* 1834. In-8, frontisp. demi-rel. avec coins mar. r. dos orné, tête dor. éb.

Édition originale.
Raccommodages. L'exemplaire est lavé.

292. Chefs-d'œuvre du théâtre indien, traduits de l'original sanscrit en anglais par H. Wilson, et de l'anglais en français par M. A. Langlois, accompagnés de notes et d'éclaircissements. *Paris*, *Dondey-Dupré*, 1828. 2 vol. in-8, 2 fig. de Westall, demi-rel. v. viol. tr. jasp.

293. Théâtre chinois. ou Choix de pièces de théâtre composées sous les empereurs mongols, traduit pour la première fois par Bazin aîné. *Paris*, *Impr. roy.*, 1838. In-8, demi-rel. mar. la Vall. tr. sup. dor. n. rogn.

IV. ROMANS

294. Mélusine, par Jehan d'Arras, nouvelle édition, conforme à celle de 1478, revue et corrigée avec une préface par M. Ch. Brunet. *Paris, P. Jannet*, 1854. In-12, cart. percal. rouge, n. rog.

295. Les Aventures du chevalier Jaufre et de la Belle Brunissende, traduites par Mary Lafon, illustrées de 20 gravures dessinées par G. Doré. *Paris*, *Libr. nouv.*, 1856. Gr. in-8, gravures hors texte, demi-rel. chagr. vert, plats toile chagr. tr. dor.

296. Contes et nouvelles de Marguerite de Valois, reine de

Navarre, faisant suite aux contes de J. Boccace. *A Londres,* 1787. 8 vol. in-18, figures de Freudenberg gravées par Jourdan, v. antiq. marbr. tr. dor.

297. Les Aventures du baron de Fœneste, par Théodore-Agrippa d'Aubigné, nouvelle édition, augmentée de plusieurs remarques historiques. *Amsterdam,* 1731. 2 tomes en un vol. in-12, figures, v. gran.

298. Le Momus françois, ou les Avantures divertissantes du duc de Roquelaure, suivant les mémoires que l'auteur a trouvés dans le cabinet du maréchal d'H... par le S. L. R. (Ant. Le Roy). *Cologne, P. Marteau,* 1727. In-12, mar. citr. n. rogn.

299. Contes de Perrault, précédés d'une notice sur l'auteur par le bibliophile Jacob (Paul Lacroix) et suivis d'une dissertation sur les contes des fées par le baron Walckenaer. *Paris, Magnin-Blanchard, s. d.* In-8, papier vélin, vign. mar. rouge, dos orné et mosaïqué, fil. dent. int. tr. dor.

Texte gravé avec jolies vignettes, par Louis Marry, Geoffroy, Pauquet, Collignon, etc.

300. Les Contes des fées, en prose et en vers. Deuxième édition, précédée d'une lettre critique par Ch. Giraud. *Lyon, Louis Perrin,* 1865. In-8, papier vélin teinté, vign. dans le texte et fig. hors texte, demi-rel. mar. avec coins, tr. sup. dor. n. rogn.

301. Les Contes des fées, par Mad. Leprince de Beaumont, préface de Méry, illustrations par Gavarni. *Paris,* 1865. Gr. in-8, figures hors texte, demi-rel. chagr. grenat, tr. peign.

302. Les Aventures de Télémaque, par Fénelon, suivies des Aventures d'Aristonoüs et précédées d'un essai historique et critique sur Fénelon et ses ouvrages, par V. Philipon de la Madelaine. *Paris, J. Mallet,* 1840-1842. 2 vol. gr. in-8, papier vélin vignettes, dans le texte et figures hors texte sur chine, sans, légendes gravées par Andrew Best et Leloir, cartonnage original, non rogné.

303. Le Nouveau Télémaque, parodie en dix-huit chants,

par E. Rullier. *Angoulême, impr. de Chatenet,* 1851. 2 vol. in-8, figures hors texte, br.

Les titres sont tirés en or.

304. Lettres persanes (par Montesquieu). *Paris, Brunel,* 1721. 2 vol. pet. in-12, titres rouge et noir, mar. bl. jans. tr. dor. (*Thibaron-Joly.*)

L'une des premières éditions.

305. Histoire de Gil-Blas de Santillane, par Le Sage, vign. par Jean Gigoux. *Paris, Paulin*, 1835. Gr. in-8, nombr. vignettes dans le texte, demi-rel. avec coins mar. vert, dos orné, fil. tr. supér. dor. éb.

Bel exemplaire.

306. Aventures de l'abbé de Choisy habillé en femme, nouvelle édition. *Paris,* 1870. In-12, papier de Holl. demi-rel. mar. v. tr. sup. dor. n. rogn.

307. Le Diable boiteux, par Le Sage, illustré par Tony Johannot, précédé d'une notice sur Le Sage par M. Jules Janin. *Paris, Ern. Bourdin*, 1843. Gr. in-8, papier vélin nombr. vignettes dans le texte, demi-rel. avec coins mar. jonq. dos orné, fil. tr. supér. dor. éb.

308. Histoire de Manon Lescaut et du chevalier des Grieux, par l'abbé Prévost. Édit. illustrée par Tony Johannot, précédée d'une notice historique sur l'auteur, par Jules Janin. *Paris, Bourdin, s. d.* Gr. in-8, vignettes dans le texte et figures hors texte sur chine, demi-rel. mar. vert, fil. tr. supér. dor. éb.

309. Romans et Contes de Voltaire. *A Bouillon, aux dépens de la Société typographique*, 1778. 3 vol. in-8, portrait et fig. mar. brun la Vall. dos orné, large dent. sur les plats, tr. dor. (*Reliure moderne.*)

Bel exemplaire, contenant, avec le portrait de Voltaire, dessiné par Latour et gravé par Cathelin, la suite des 57 figures de Marillier, Martini, Monnet et Moreau.

On a aussi ajouté à cet exemplaire la suite de Moreau le jeune, publiée par Renouard.

310. Julie, ou la Nouvelle Héloïse, par J.-J. Rousseau, illustrée par Johannot, Lepoitevin, Girardet, Rogier, gravée par M. Brugnot. *Paris, Barbier*, 1845. 2 vol. gr. in-8, fig. cart. dos et coins toile bleue, n. rog. (*E. Carayon.*)

311. Les Confessions de J.-J. Rousseau, vignettes de Johannot, Baron, Girardet, Laville, Nanteuil, etc. *Paris, Barbier*, 1846. Gr. in-8, vignettes int. dans le texte et gravures hors texte sur chine sans légendes, demi-rel. chagr. viol. tr. jasp.

Exemplaire sur PAPIER WHATMAN.

312. Les Confessions de J.-J. Rousseau, vignettes par MM. T. Johannot, H. Baron, K. Girardet, E. Laville, C. Nanteuil, etc. *Paris, Barbier*, 1846. Gr. in-8, vignettes dans le texte et figures hors texte, demi-rel. mar. viol. plat toile chagr. tr. dor.

313. Diderot. Le Neveu de Rameau, publié et précédé d'une introduction par H. Motheau. *Paris, libr. des Biblioph.*, 1875. In-12, mar. la Vall. jans. tr. dor. armoiries sur les plats. (*Allô*.)

Exemplaire sur PAPIER WHATMAN.

314. ACAJOU ET ZIRPHILE., conte. *Minutie*, 1744. In-12. — Faunillane, ou l'infante Jaune, conte. *Badinopolis*, 1767. In-12, 2 part. en 1 vol. mar. r. jans tr. dor. (*Cuzin*.)

Ouvrages ornés de jolies figures attribuées à Boucher et gravées par Cars.

315. Les Amours de Myrtil. *A Constantinople*, 1761. In-12, figures de Gravelot, mar. r. fil. dos orné. (*Champs*.)

316. Cazotte. Le Diable amoureux, nouvelle espagnole. *Naples* (*Paris*), 1772. In-8, vél. tr. rouge, ferm. en cuivre.

Édition originale, avec les figures grotesques dont elle est ornée.
Le titre et le frontispice sont tachés.

317. Le Diable amoureux, roman fantastique, par J. Cazotte, précédé de sa vie, de son procès et de ses prophéties et révélations, par Gérard de Nerval, illustré de 200 dessins par Édouard de Beaumont. *Paris, Léon Ganivet*, 1845. Pet. in-8, demi-rel. avec coins mar. citr. dos orné et mosaïqué, tr. sup. dor. n. rog.

318. Les Aventures du chevalier de Faublas, par L. de Couvray, édition illustrée de 300 dessins par Baron, Français et Nanteuil. *Paris, Mallet*, 1842. 2 vol. in-8, vignettes dans le texte et figures hors texte sur feuilles volantes, demi-cart. avec coins toile grise, n. rogn.

319. Les Contemporaines, ou Aventures des plus jolies femmes de l'âge présent, recueillies par N*** (Nic.-Edm. Rétif de la Bretonne) et publiées par Timothée Joly, de Lyon. *Imprimé à Leipzick, par Büschel et se trouve à Paris, chez Belin,* 1780-1785. 42 vol. in-12, figures, demi-rel. mar. rouge avec coins, tr. supér. dor. n. rog.

Bel exemplaire contenant les 283 figures de Binet en belles épreuves.

320. Œuvres badines complettes du comte de Caylus. *Amsterdam et Paris*, 1787. 12 vol. in-8, portrait et figures de Marillier, v. antiq. marbr.

321. Les Astuces et les tromperies de Paris, ou Histoire d'un nouveau débarqué, écrite par lui-même (par Nougaret). *Paris*, *an VII.* 3 vol. in-16, demi-rel. avec coins mar. citr. n. rog. (*Knecht.*)

Trois figures.

322. Paul et Virginie, par Bernardin de Saint-Pierre. *Paris, Lecou, s. d.* In-8, pap. vél., portr. de l'auteur, vign. intercal. dans le texte et fig. hors texte, par H. Corbould, grav. par Wegwood et G. Corbould, demi-rel. chagr. la Vallière, plats chagrinés, tr. dor.

323. Paul et Virginie, par B. de Saint-Pierre, préface par Jules Janin, compositions d'Émile Levy, gravées à l'eau-forte par Flameng, dessins de Giacomelli. *Paris, librairie des Bibliophiles*, 1875. In-12, papier vélin, texte encadré d'un filet rouge, vignettes, mar. jonquille, dos orné et mosaïqué, tr. dor.

324. Histoire du Roi de Bohême et de ses sept châteaux (par Ch. Nodier). *Paris, chez les libraires qui ne vendent pas de nouveautés* (*Delangle,* 1830). In-8, figures, demi-rel. avec coins mar. rouge, dos orné, fil. tr. supér. dor. éb.

50 vignettes dessinées par Tony Johannot, et gravées par Porret.

325. La Confession, *par l'auteur de l'Ane mort et de la Femme guillotinée* (J. Janin). *Paris, Mesnier*, 1830. 2 tomes en 1 vol. in-12, frontisp. de Johannot, demi-rel. v. f.

Première édition. Voir *Bibliographie romantique*, page 36.

326. L'Ane mort, par Jules Janin, édition illustrée par Tony Johannot. *Paris, Em. Bourdin,* 1842. Gr. in-8, vi-

gnettes dans le texte et figures hors texte, demi-rel. avec coins mar. jonq. dos orné et mosaïqué de mar. bleu, tr. supér. dor. n. rog.

327. Notre-Dame de Paris, par Victor Hugo. *Paris, Ch. Gosselin*, 1831. 2 vol. in-8, vignettes de Porret gravées par Tony Johannot sur chaque titre, demi-rel. bas. tr. jasp.

Édition originale, rare.

328. Notre-Dame de Paris, par Victor Hugo. *Paris, Eug. Renduel*, 1836. 3 vol. in-8, figures, demi-rel. v. vert.

Bel exemplaire, non rogné, contenant le premier tirage des figures de T. Johannot.

329. Victor Hugo. Notre-Dame de Paris. Édition illustrée d'après les dessins de MM. E. de Beaumont, L. Boulanger, Daubigny, T. Johannot, de Lemud, Meissonier, etc. *Paris, Perrotin et Garnier fr.*, 1844. Gr. in-8, figures hors texte, demi-rel. avec coins mar. grenat, dos orné et mosaïqué, fil. tr. supér. dor. éb.

330. Notre-Dame de Paris, par Victor Hugo, nouvelle édition illustrée. *Paris, Eug. Hugues* (*imprimerie de Quantin*), 1881. 2 vol. gr. in-8, dessins de C. Nanteuil, de Lemud, Daubigny, G. Brion, Trimolet, Vierge, Foulquier, Tony Johannot, etc., demi-rel. avec coins mar. vert jans.

Exemplaire tiré sur papier vélin teinté chamois, et relié sur brochure.

331. La Peau de chagrin, par M. H. de Balzac; édition illustrée par cent gravures en taille-douce. *Paris, Abel Ledoux, s. d.* Gr. in-8, papier vélin, vignettes interc. dans le texte par Baron, Janet-Lange, Français, etc., demi-rel. avec coins mar. bleu, dos orné, fil. tr. supér. dor. éb.

Bel exemplaire.

332. Sakontala à Paris, roman de mœurs contemporaines, par E. de Salle. *Paris, Gosselin*, 1833. In-8, frontispice de Tellier gravé par Brevière, demi-rel. avec coins mar. rouge jans.

Édition originale.
Exemplaire relié sur brochure avec sa couverture imprimée.

333. La Double Méprise, par l'auteur du Théâtre de Clara

Gazul (Prosper Mérimée). *Paris*, *Fournier*, 1833. In-8, pap. vél. carton. n. rog.

Édition originale.

334. Les Roueries de Trialph, notre contemporain avant son suicide, par M. Lassailly. *Paris*, *Silvestre et Baudouin*, 1833. In-8, cart. n. rog.

Édition originale, rare.

335. Un Roman pour les cuisinières, par Émile Cabanon. *Paris*, *Renduel*, 1834. In-8, figure de Camille Rogier sur chine, demi-rel. avec coins mar. vert jans. tr. supér. dor. n. rog. (*Lanscelin.*)

336. Étrennes pittoresques, Contes et Nouvelles, par Paul Lacroix, Descamps, Saint-Yves. *Paris*, 1835. In-12, v. r.

Rare. Frontispice par Célestin Nanteuil, vignettes et culs-de-lampe.

337. La Comédie de la mort, par Théophile Gautier. *Paris*, *Desessart*, 1838. In-8, mar. noir jans. dent. int. tr. dor. (*Gruel.*)

Édition originale. Le titre contient une vignette de Louis Boulanger, gravée par Coste.

338. Picciola, par X.-B. Saintine. *Paris*, *Marchand*, 1843. In-8, papier vélin, figures, demi-rel. avec coins mar. grenat, dos orné et mosaïqué, fil. tr. supér. dor. éb.

Édition illustrée de 125 vignettes, gravées sur bois par Porret, d'après les dessins de Mme L. Huet, et de MM. Tony Johannot, C. Nanteuil, Français, etc.

339. X.-B. Saintine. Picciola. *Paris*, *J. Hetzel*, *s. d.* In-8, papier vélin. Eaux-fortes par Flameng, cart. original, tr. dor.

340. X.-B. Saintine. Picciola, eaux-fortes par Flameng. *Paris*, *Hetzel*, *s. d.* Gr. in-8, papier vélin, figures, demi-rel. mar. viol. n. rog.

341. Les Mystères de Paris, par M. Eugène Sue, nouvelle édition, revue par l'auteur. *Paris*, *Ch. Gosselin*, 1843. 4 vol. gr. in-8, papier vélin, figures hors texte par Daubigny, Staal, C. Nanteuil, etc., demi-rel. v. f. tr. supér. dor. éb.

Bel exemplaire.

342. Les Mystères de Paris, par Eug. Sue; nouvelle édition,

revue par l'auteur. *Paris, Gosselin*, 1843-44. 4 vol. gr. in-8, papier vélin, vignettes dans le texte et figures hors texte par Lavoignat, Trimolet, G. Staal, Dubouloz, etc., demi-rel. avec coins mar. rouge jans.

Exemplaire relié sur brochure.

343. Le Juif errant, par Eug. Sue, édition illustrée par MM. L. Huard, Eug. Verboeckhoven, Lauters, Hendrickx, Le Hon, etc. *Bruxelles, Meline, Cans*, 1846. 3 vol. gr. in-8, figures hors texte, br. couvertures imprimées.

344. Paul de Kock. Contes en vers. — Victor Hugo. Châtiments. — Les Bourgeois de Paris. Scènes comiques, in-12. — Salons célèbres, par Sophie Gay. — Paris inconnu, par Privat d'Anglemont. — Le Lion amoureux, par Frédéric Soulié. — Tombeau de Napoléon Ier, figures en couleurs, etc. Ens. 14 vol. in-12 et in-18, br.

345. La Morale en actions, ou les Bons Exemples, par M. Benjamin Delessert et le baron de Gérando. *Paris, Kugelmann*, 1843. In-8, illustré de 120 dessins par Jules David, gravés par Chevin, demi-rel. bas. viol. tr. jasp.

346. La Morale merveilleuse, contes de tous les temps et de tous les pays, recueillis et mis en ordre par Christian. *Paris, Lavigne*, 1844. In-8, pap. vél. fig. intercal. dans le texte et figures hors texte, cartonné, tr. dor. fers spéciaux sur le dos et les plats.

347. Fièvres de l'âme, par Mme Gatti de Gamond; illustrées par MM. Victor Adam, Ed. Frère, etc. *Paris, J. Delahaye*, 1844. Gr. in-8, figures hors texte lithographiées, demi-cart. percal. tr. supér. dor. éb.

348. Les Deux Miroirs, contes pour tous, par J.-P. Schmit, illustrations par Gavarni, C. Nanteuil, Français, Schlesinger, etc. *Paris, A. Royer*, 1844. Gr. in-8, vignettes dans le texte et gravures hors texte, demi-rel. avec coins mar. bleu jans.

Exemplaire relié sur brochure.

349. La Bouillie de la comtesse Berthe, par Alexandre Dumas, illustré par Bertall. *Paris, Hetzel*, 1845. Pet. in-8, figures, cartonné.

350. La Chine ouverte. Aventures d'un Fan-Kouei dans le

pays de Tsin, par Old Nick, ouvrage illustré par Auguste Borget. *Paris, H. Fournier*, 1845. In-8, figures hors texte, demi-rel. avec coins mar. bleu, dos orné, fil. tr. supér. dor. n. rog.

351. La Chine ouverte, par Old Nick, ouvrage illustré par Aug. Borget. *Paris, Fournier*, 1845. Gr. in-8, figures, demi-rel. v. viol.

352. Le Comte de Monte-Cristo, par M. Alexandre Dumas. *Paris, au Bureau de l'Écho des feuilletons*, 1846. 2 vol. gr. in-8, papier vélin, portrait de l'auteur et gravures hors texte par Gavarni, T. Johannot, br. couvertures imprimées.

353. Histoire d'un casse-noisette, par Alexandre Dumas. *Paris, Hetzel*, 1845. 2 tomes en 1 vol. pet. in-8, demi-rel. chagr. brun, tr. jasp.

Illustrations de Bertall.

354. Le Juif errant, par Eug. Sue, édition illustrée par Gavarni. *Paris, Paulin*, 1845. 4 vol. gr. in-8, papier vélin. vignettes dans le texte et gravures hors texte, demi-rel. avec coins mar. olive jans. tr. supér. dor. éb.

355. Jérôme Paturot à la recherche d'une position sociale, par Louis Reybaud, édition illustrée par J.-J. Grandville. *Paris, J. Dubochet, Le Chevalier*, 1846. — Jérôme Paturot à la recherche de la meilleure des Républiques (par le même), édition illustrée par Tony Johannot. *Paris, Michel Lévy fr.*, 1840. Ens. 2 vol. gr. in-8. nombr. vignettes dans le texte et figures hors texte, demi-rel. avec coins, mar. brun, dos orné, fil. tr. supér. dor. éb.

356. Le Fils du diable, par Paul Féval. *Paris, Willermy*, 1847-1848. 2 vol. gr. in-8, gravures hors texte par Lorentz, E. Frère, Guichard, etc., cart. toile, n. rog. (couvertures imprimées).

357. Nouvelles genevoises, par R. Töpffer, illustrées d'après les dessins de l'auteur, gravures par Best, Leloir, Hotelin et Regnier. *Paris, Paulin, Le Chevalier*, 1849. In-8, papier vélin, vignettes dans le texte et figures hors texte, demi-rel. v. f. tr. supér. jasp. éb.

358. Vie de Polichinelle et ses nombreuses aventures, par

Octave Feuillet, vignettes par Bertall. *Paris, Hetzel*, 1852. Pet. in-8, fig. demi-rel. bas. verte, tr. jasp.

359. Les Prétendants de Catherine, par A. de Gondrecourt. 3 vol. — Lettres de Junius, 1 vol. — Les Maisons comiques, par Ch. Virmaître, 1 vol. — Monsieur le ministre, par J. Claretie, 1 vol. — Fleur de crime, par Ad. Belot, 2 vol. *Paris, Cadot, Dentu*, 1854-1881. Ens. 8 vol. in-12, br.

360. Les Contes drolatiques, par de Balzac, cinquième édition, illustrée par Gustave Doré. *Paris*, 1855. In-8, fig. demi-rel. chagr. vert, tr. jasp.

Premières épreuves des figures.

361. L'Ensorcelée, par J. Barbey d'Aurevilly. *Paris, A. Cadot*, 1855. 2 vol. in-8, cart. avec les couvertures.

Édition originale.

362. Henry Monnier. Mémoires de M. Joseph Prudhomme. *Paris, Libr. nouvelle*, 1857. 2 vol. in-12, demi-rel. avec coins de mar. rouge, tr. supér. dor. éb.

363. Grandeur et Décadence d'une serinette. — Simple Histoire d'un rentier et d'un lampiste. — La Légende de saint Crépin, etc., par Champfleury. *Paris, Blanchard*, 1857. In-8 carré, vignettes dans le texte, broché avec couverture.

Illustrations de Desbrosses.

364. Fierabras, légende nationale, traduite par Mary Lafon et illustrée de douze belles gravures dessinées par G. Doré. *Paris, Libr. nouvelle*, 1857. In-8, papier vélin, figures hors texte, demi-rel. chagr. noir, plats toile chagr. tr. dor.

365. Les Contes d'un vieil enfant. *Paris, Libr. nouvelle*, 1859. In-8, papier vélin, figures hors texte, demi-rel. chagr. brun, plats toile chagr. tr. dor.

La dédicace est signée Feuillet de Conches.

366. L'Ile des Rêves, aventures d'un Anglais qui s'ennuie, par Louis Ulbach, illustrations par MM. Rouargue frères. *Paris, Morizot, s. d.* Gr. in-8, gravures hors texte, broché.

367. Adrien Robert. Contes fantasques et fantastiques, illustrations d'Horace Castelli. *Paris, Charlieu fr., s. d.*

Gr. in-8, papier vélin, figures, demi-rel. avec coins maroq. rouge, fil. tr. supér. dor. n. rog.

368. Mystères des vieux châteaux de France, etc., publiés sous la direction de A. B. le François. *Paris, Eug. Penaud, s. d.* 4 vol. gr. in-8, nombr. illustrations hors texte, demi-rel. bas. tr. jasp.

369. Mad. Louise Colet. Lui, roman contemporain. *Paris,* 1860. In-12, cart. n. rog. — Eux et Elle, histoire d'un scandale, par de Lescure. *Paris, Poulet-Malassis,* 1860. In-12, br.

370. Les Mohicans de Paris, par A. Dumas. *Paris, Dufour et Mulat,* 1860. 4 vol. gr. in-8, figures hors texte, demi-cart. avec coins toile rouge, non rognés.

371. Mary Lafon. La Dame de Bourbon ; dessins de E. Morin grav. par Linton. *Paris, Bourdillat,* 1860. Pet. in-8, vign. intercal. dans le texte, demi-cartonn. av. coins toile brune, non rog.

Exemplaire en grand papier vergé de Hollande.

372. Mary Lafon. La Dame de Bourbon; dessin de E. Morin. *Paris, Bourdillat,* 1860. In-8, papier vélin, fig. demi-rel. chagr. vert, plats toile chagrinée, tr. dor.

373. Le Rameau d'or d'Éleusis, par le F.·. J.-E. Marconis. *Paris, l'auteur,* 1861. In-8, pap. vél. texte encadr. de filets noirs, frontisp. et fig. sur chine, lithogr. demi-rel. chagr. roug. tr. supér. dor. non rog.

374. Mémoires de Jacques Casanova de Singalt, écrits par lui-même. *Bruxelles, J. Rozez,* 1863. 6 vol. in-12, demi-rel. chagr. rouge, tr. jasp.

375. Le Nouveau Cabinet des fées, contes choisis, précédés d'une notice sur les fées et les génies par L. Batissier, dessins de MM. Foulquier et Pasini. *Paris, Furne,* 1864. In-8, papier vélin, vignettes dans le texte et figures hors texte, demi-rel. avec coins, mar. la Vall. jans.

Exemplaire relié sur brochure.

376. Touchard-Lafosse. Chroniques de l'Œil-de-bœuf. *Paris, Barba,* 1864. 8 vol. in-12, demi-rel. chagr. vert, tr. jasp.

377. Delvau (Alfred). Françoise, chapitre inédit des Quatre Sergents de la Rochelle, avec une eau-forte d'Émile Thérond. *Paris, Faure,* 1865. Pet. in-12, papier vélin, frontispice, cart. ébarbé.

Édition originale, rare.

378. La Rue, par Jules Vallès. *Paris, Faure,* 1866. In-12, br.

Exemplaire avec envoi aut. sign. de l'auteur.

379. Théophile Gautier. Le Capitaine Fracasse, illustré de 60 dessins de Gustave Doré. *Paris, Charpentier,* 1866. Gr. in-8, papier vélin, gravures hors texte, demi-rel. chagr. vert, dos orné, tr. jasp.

380. Les Courtisanes dans l'antiquité. Marie-Magdeleine, par Marc de Montifaud. *Paris, Lacroix,* 1869. In-8, demi-rel. mar. r. n. rogn.

381. Les Parisiennes, par A. Grévin et A. Huart. *Paris, Dreyfous, s. d.* Gr. in-8, figures, demi-rel. avec coins, mar. bl. tr. supér. dor. n. rogné.

Premier tirage.

382. Pas de lendemain (par Ph. Burty). *A Paris, chez l'auteur,* 1869. Pet. in-4, papier vergé, texte encadré de filets rouges, eau-forte de Morin, demi-rel. mar. v. dos orné, fil. (*Pouillet.*)

383. L'Éducation sentimentale. Histoire d'un jeune homme, par Gustave Flaubert. *Paris, Michel Lévy fr.,* 1870. 2 vol. in-8, br.

384. Romans enfantins, par Paul Féval. *Paris, Eug. Ducrocq, s. d.* Gr. in-8, papier vélin, figures hors texte, demi-rel. chagr. la Vall. plats toile chagr. tr. dor.

Eaux-fortes de Léopold Flameng.

385. Pour une épingle, légende, suivi de la Feuille de coudrier, par J. T. de Saint-Germain. *Paris, Théodore Lefèvre, s. d.* Gr. in-8, figures, mar. rouge jans. dent. int. tr. dor. (*Pouillet.*)

Exemplaire sur papier de Hollande, avec les figures de Pauquet; cette suite est en double état, *avant* et avec la lettre.

386. Pour une épingle, légende, suivi de la Feuille de cou-

drier, par J. T. de Saint-Germain. *Paris, Th. Lefèvre, s. d.* Gr. in-8, figures hors texte par Pauquet, demi-rel. chagr. bleu, plats toile chagr. tr. dor.

387. Histoire d'une épingle par elle-même en 16 tableaux composés et lithographiés par Gérard-Fontallard, avec texte, extrait du « Corsaire ». *Paris, Osterwald, s. d.* Gr. in-4, pap. vél. fort, 1 page de texte à 2 colonnes et 16 planches lithogr. et color. mont. sur onglets, demi-rel. av. coins, maroq. la Vallière, tr. supér. dor. non rog.

388. Aventures d'un petit Parisien, par A. de Bréhat; dessins par Ed. Morin. *Paris, Hetzel, s. d.* Gr. in-8, figures hors texte, br.

389. Les Amours jaunes, par Tristan Corbière. *Paris, Glady,* 1873. Gr. in-12, pap. de Hollande, frontisp. à l'eau-forte, demi-cartonn. toile verte, non rog.

390. Léon Gozlan. Aristide Froissart. *Paris, Lemerre,* 1873. In-12, portrait de l'auteur, demi-rel. maroq. br. non rogné.

391. Champfleury. Le Violon de faïence; dessins en couleur d'E. Renard, eaux-fortes d'Adeline. *Paris, Dentu,* 1877. In-8, demi-rel. dos et coins mar. r. tr. supér. dor. n. rog. (*Pouillet.*)

392. Les Aventures du Gourouparamarta, conte drolatique indien, orné de nombreuses eaux-fortes par Bernay et Cattelain. *Paris, A. Barraud,* 1877. In-8, papier vélin, vignettes dans le texte et figures hors texte, demi-rel. avec coins, mar. grenat, dos orné, fil. tr. supér. dor. éb.

393. Gustave Droz. Monsieur, Madame et Bébé ; édition illustrée par Edmond Morin et ornée d'un portrait de l'auteur en frontispice, gravé par Léopold Flameng. *Paris, Victor Havard,* 1878. Gr. in-8, papier vélin, portrait, vignettes int. dans le texte, demi-rel. avec coins, mar. la Vall. dos orné, fil. tr. supér. dor. n. rog.

394. L'Assommoir, par Émile Zola; édition illustrée par André Gill, Bellanger, Clairin, Garnier, Régamey, Vierge, etc. *Paris, C. Marpon et E. Flammarion, s. d.* Gr. in-8,

figures, mar. citron, dos orné et mosaïqué, fil. et dent. sur les plats, tr. supér. dor.

Exemplaire sur GRAND PAPIER DE HOLLANDE, avec la suite des figures hors texte TIRÉES SUR CHINE.

Les plats de la reliure contiennent les portraits de Gervaise et de Nana; ces deux portraits sont exécutés en mosaïque de maroquin.

---

395. Les Contes de Pogge, Florentin, avec des réflexions. *Amsterdam, J. Bernard,* 1712. Pet. in-12, front. gr. mar. r. fil. dent. int. dos orné, tr. dorée. (*Lortic.*)

Bel exemplaire.

396. Les Facéties de Pogge, Florentin, traduites en français avec le texte en regard. *Paris, Isid. Liseux* (*typogr. Motteroz*), 1878. 2 vol. pet. in-12, papier vergé de Hollande, demi-rel. avec coins, mar. orange jans. tr. supér. dor. éb.

397. Contes de Boccace (le Décaméron), traduits de l'italien et précédés d'une notice historique par A. Barbier, vignettes par Tony Johannot, H. Baron, Eug. Laville, Célestin Nanteuil, Grandville, etc. *Paris, Barbier,* 1846 Gr. in-8, papier vélin, gravures hors texte, demi-rel. avec coins, mar. jonq. dos orné, fil. tr. supér. dor. éb.

398. L'Ingénieux Hidalgo Don Quichotte de la Manche, par Miguel de Cervantès Saavedra, traduit et annoté par Louis Viardot, vignettes de Tony Johannot. *Paris, J.-J. Dubochet,* 1836. 2 vol. gr. in-8, demi-rel. avec coins, mar. jonq. dos orné et mosaïqué de mar. bleu, tr. supér. dor. éb.

399. L'Ingénieux Hidalgo Don Quichotte de la Manche, par Miguel de Cervantès Saavedra, traduit et annoté par Louis Viardot, vignettes de Tony Johannot. *Paris, Victor Lecou,* 1853. Gr. in-8, papier vélin, figures dans le texte, demi-rel. mar. rouge, fil. tr. supér. dor. éb.

400. Don Quichotte de la Manche, traduit de l'espagnol de Michel de Cervantes par Florian, ouvrage posthume, orné de 24 figures. *De l'imprimerie de P. Didot l'aîné, à Paris, an VII.* 6 vol. in-16, papier vélin, figures de Le Barbier, Lefebvre, mar. viol., fil. tr. dor.

401. Le Don Quichotte de la jeunesse, traduit par Florian.

Nouvelle édition illustrée d'après les dessins de G. Staal. *Paris, Garnier, s. d.* In-8, pap. vél. nombr. vign. intercal. dans le texte et fig. hors texte, chagr. la Vallière, fil. tr. dor. fers spéciaux sur le dos et les plats.

402. Histoire de Don Pablo de Ségovie, traduite de l'espagnol et annotée par A. Germond de Lavigne. *Paris, Ch. Warée,* 1845. In-8, vignettes de Henry Emy, gravées par A. Baulant, v. f. fil. dos orné, tr. dor. chiffre sur les plats.

403. Histoire de don Pablo de Ségovie, surnommée l'aventurier Buscon, par don Francisco de Quevedo Villegas, traduit de l'espagnol par Germond de Lavigne, précédée d'une lettre de Ch. Nodier. — Vignettes de H. Emy, grav. par Baulant. *Paris, Charles Warée,* 1843. In-8, demi-rel. maroq. vert jansén., tr. supér. dor. ébarb.

Exemplaire tiré sur papier bleu.

404. — Le Vicaire de Wakefield, par Goldsmith, trad. en français avec le texte en regard, par Ch. Nodier. *Paris, Bourgueleret,* 1838. Gr. in-8, vignettes dans le texte et figures hors texte, dem.-rel. chagr. viol. tr. jasp.

405. Le Vicaire de Wakefield, par Goldsmith, traduit en français avec le texte anglais en regard, par Ch. Nodier, *Paris, Bourgueleret,* 1838. In-8, figures sur bois dans le texte et figures hors texte, demi-rel. avec coin mar. rouge jans. tr. supér. dor. éb.

10 gravures sur acier d'après Tony Johannot. Epreuves AVANT LA LETTRE.

406. Le Vicaire de Wakefield, par Goldsmith, trad. par Ch. Nodier, 4° édition illustrée par Jacques. *Paris, Blanchard,* 1853. 2 vol. in-8 carrés, figures, brochés.

407. Voyages de Gulliver, par Swift, édition illustrée par Grandville, *Paris, Furne et Fournier,* 1838. 2 t. en 1 vol. in-8. nombr. vignettes dans le texte, cart.

Exemplaire court de marges.

408. Aventures de Robinson Crusoé, par Daniel de Foe, traduction nouvelle. Edition illustrée par Grandville. *Paris, H. Fournier aîné,* 1840. In-8, vignettes dans le texte et figures hors texte, demi-rel. avec coins mar. grenat, dos orné, fil. tr. supér. dor. éb.

409. Œuvres de Walter Scott, traduites par A.-J.-B. Defauconpret, avec les introductions et les notes nouvelles. *Paris, Furne, Ch. Gosselin, Perrotin,* 1836. 30 vol. in-8, portrait, titres et figures, de Tony Johannot, demi-rel. v. br. tr. jasp.

410. Gœthe. Faust. Première partie, préface et traduction de H. Blaze de Bury. Onze eaux-fortes de Lalauze, gravures de Méaulle, d'après Wogel et Scott. *Paris, A. Quantin,* 1880. In-4, br.

Exemplaire sur PAPIER DE CHINE avec les gravures en deux états, AVANT LA LETTRE SUR PAPIER DU JAPON, et AVANT LA LETTRE sur WATHMAN.

411. Contes fantastiques de Hoffmann, traduction nouvelle ; précédés de Souvenirs intimes sur la vie de l'auteur, par P. Christian, illustrés par Gavarni. *Paris, Lavigne,* 1843. In-8, figures dans le texte et hors texte, cart. original, non rogné.

412. Contes fantastiques de Hoffmann, traduction nouvelle, précédés de Souvenirs intimes sur la vie de l'auteur, par P. Christian, illustrés par Gavarni. *Paris, Morizot,* 1861. In-8, papier vélin, vignettes dans le texte et figures hors texte, demi-rel. chagr. rouge tr. jasp.

413. Contes du chanoine Schmid, traduction de A. Cerfberr de Mendelsheim, illustrations par Gavarni. *Paris, A. Royer,* 1843. Gr. in-8, vignettes dans le texte et gravures hors texte, demi-rel. avec coins mar. rouge, tr. supér. dor. éb.

414. Le Robinson suisse, traduit de l'allemand de Wyss, par Mme Élise Voiart, précédé d'une introduction de M. Charles Nodier, orné de 200 vignettes d'après les dessins de M. Ch. Lemercier. *Paris, Lavigne,* 1845. In-8, papier vélin, vignettes dans le texte et figures hors texte, demi-rel. avec coins mar. vert, tr. supér. dor. éb.

415. Hitopadésa, ou l'Instruction utile. Recueil d'apologues et de contes traduits du sanscrit avec des notes historiques et littéraires, par M. Ed. Lancereau. *Paris, P. Jannet,* 1855. In-12 cart. percal. rouge n. rog.

416. Pantchatantra, ou les Cinq Livres. Recueil d'apologues et de contes, trad. du sanscrit par Ed. Lancereau. *Paris,*

Impr. nat. 1871. Gr. in-8, demi-rel. mar. la Vall. tr. sup. dor. n. rogn.

417. Contes chinois, précédés d'une histoire pittoresque de la Chine, par Ch. Richomme, dessins de Louis Lasalle et illustrations sur bois. *Paris, Vᵉ Louis Janet, s. d.* In-8, papier vélin, figures, cart. original, tr. dor.

V. CRITIQUES, SATIRES, DIALOGUES, ÉPISTOLAIRES

418. Apologie pour Hérodote, ou Traité de la conformité des merveilles anciennes avec les modernes, par Henri Estienne, avec les remarques de Le Duchat. *La Haye, Henri Scheurleer*, 1735. 3 vol. in-12, frontispices, v. antiq. marbr.

419. Le Gazetier cuirassé, ou Anecdotes scandaleuse, de la Cour de France (par Ch. Théveneau de Morande), *Imprimé à cent lieues de la Bastille, à l'enseigne de la Liberté*, 1771, pet. in-8, v. antiq. marbr.

420. Choix de Testaments anciens et modernes, par G. Peignot. *Paris, Renouard*, 1829. 2 vol. in-8, demi-rel. avec coins mar. grenat dos orné, fil. tr. supér. dor. n. rog.

421. La Petite Revue. *Paris, Pincebourde*, 1863-1867. 13 vol. pet. in-8 cart. tête marbr. n. rog.

422. Revue anecdotique des lettres et des arts, paraissant le 5 et le 20 de chaque mois. Documents biographiques de toute nature, nouvelles des librairies et des théâtres, bons mots, satires, épigrammes. *Paris*, avril 1855 à octobre 1862. 14 tomes en 8 vol. in-12, demi-rel. mar. rouge, tr. supér. dor. éb.

Revue fondée par M. Lorédan Larchey.

423. Amusements philologiques, ou Variétés en tous genres (par G. Peignot). *Dijon, Lagier*, 1842. In-8, demi-rel. avec coins chagr. grenat, tr. supér. dor. n. rog.

424. Variétés historiques et littéraires; recueil de pièces volantes rares et curieuses, en prose et en vers, revues et annotées par M. Édouard Fournier. *Paris, P. Jannet*, 1855-1863. 10 vol. in-12, cart. percal. rouge, n. rog.

425. Recueil de quelques pièces rares et galantes, tant en prose qu'en vers. *A Utrecht, chez A. Shouten,* 1649. In-12, mar. citr. jans. tr. dor. (*Thibaron-Joly.*)

426. Recueil de quelques pièces nouvelles et galantes, tant en prose qu'en vers. *Cologne, Pierre du Marteau,* 1667. 2 part. en 1 vol. in-12, mar. bl. fil. et dent. doublé de mar. r. dent. tr. dor. étui de mar. vert. (*Lortic.*)

Joli exemplaire de cette édition elzévirienne.

427. Recueil de pièces rares et facétieuses, anciennes et modernes, en vers et en prose, pour l'esbattement des pantagruélistes, avec le concours d'un bibliophile. *Paris, A. Barraud,* 1872. 4 vol. in-8, papier vergé de Hollande, vignettes et figures hors texte, demi-rel. avec coins mar. citr. dos orné et mosaïqué, tr. supér. dor. n. rog.

428. Physionomies parisiennes. *Paris, A. Lechevalier,* 1867-1868. Ens. 8 vol. in-16, papier vélin, dessins dans le texte, cart. percal. grise, tr. supér. dor. n. rog.

Cocottes et Petits Crevés, par Édouard Siebecker, dessins par Grévin. — Acteurs et Actrices, par Ch. Monselet, dessins par E. Lorsay. — Commis et Demoiselles de magasins, dessins par Hadol. — Les Joueuses, dessins par Morin. — Le Journal et le Journaliste, par Edm. Texier, dessins par Bertall. — Les Industriels du Macadam, par Elie Frébault, dessins par A. Humbert. — Artistes et Rapins, par L. Leroy, dessins par Cook. — Floueurs et Floués, par Adrien Paul, dessins par Benassit.

429. Collection de Physiologies. *Paris, Aubert, Laisné, Lavigne,* etc. 1841 et années suivantes. 11 vol. in-16, figures, cart. percal. grise, tr. supér. dor. n. rog.

1. Physiologie du Théâtre, vignettes de MM. H. Emy et Birouste. — 2. Physiologie de Robert Macaire, par J. Rousseau, illustrations de Daumier. — 3. Physiologie de l'Homme marié, par Ch. Paul de Kock, illustrations de Marckl. — 4. Physiologie de l'opéra du Carnaval, dessins de H. Emy. — 5. Physiologie du Goût, 2 tomes en 1 vol., figures. — 6. Physiologie de la Lorette, vignettes de Gavarni. — 7. Physiologie du Musicien, par Alb. Cler, vignettes de Daumier, Gavarni, etc. — 8. Physiologie du Débardeur, vignettes de Gavarni. — 9. Un double exemplaire du précédent ouvrage. — 10. Physiologie de l'Ecolier, dessins par Gavarni. — 11. Physiologie du Bourgeois, texte et dessins par Henri Monnier.

430. Petit Traité de l'amour des femmes pour les sots (par M. de Champcenetz). *A Pétersbourg,* 1788. In-12 de 57 pages, cart. n. rog.

431. Les Caquets de l'accouchée, nouvelle édition revue sur les pièces originales et annotée par M. Édouard Fournier, avec une introduction par M. Le Roux de Lincy. *Paris, P. Jannet,* 1855, in-12, cart. percal. rouge, n. rog.

432. Code galant, ou Art de conter fleurette, par Horace Raisson. *Paris, Olivier,* 1827. In-12, figures d'Alfr. Johannot. — Les Mystères de la Chemise, par Longueville, chemisier du roi. 17 vignettes par E. de Beaumont. *Paris, Aubert, s. d.* In-16, ens. 2 vol. cart. percal. grise, tr. supér. dor. éb.

433. Les Colloques d'Érasme, traduction de Gueudeville. *A Leide,* 1720. 4 tomes en 5 vol. in-12, figures, v. f. antiq.

434. Le Chasse-Ennuy, ou l'Honneste Entretien des bonnes compagnies, par Louys Garon. *Jouxte la copie imprimée à Lion, à Paris, chez Claude Griset,* 1633. In-12, titre gravé, v.

Le titre est remmargé extérieurement, court de marges, et taché.

435. Dialogues du divin P. Aretino. *Paris, Liseux,* 1879. 3 vol. pet. in-12, mar. br. jans. tr. dor. (*Gruel.)*

La Vie des Religieuses, la Vie des Femmes mariés; la Vie des Courtisanes.

436. Lettres d'Abailard et Héloïse, édition illustrée par J. Gigoux. *Paris, E. Houdaille,* 1839. 2 vol. gr. in-8, figures hors texte avec la lettre sur papier de soie, demi-rel. avec coins mar. bleu, dos orné, fil. tr. supér. dor. n. rog.

437. Lettres d'Abailard et d'Héloïse, traduites sur les manuscrits de la Bibliothèque royale par E. Oddoul; précédées d'un essai historique par M. et Mme Guizot. Édition illustrée par J. Gigoux. *Paris, E. Houdaille,* 1839. 2 vol. gr. in-8, papier vélin, demi-rel. avec coins mar. rouge, dos orné et mosaïqué de mar. vert, tr. supér. dor. éb.

Les gravures hors texte sont tirées sur chine, AVANT LA LETTRE.

438. Lettres de Mademoiselle de Lespinasse, écrites depuis l'année 1773 jusqu'à l'année 1776. *Paris, L. Deconchy,* 1809. 3 vol. pet. in-8, demi-rel. mar. rouge, tr. supér. dor. éb.

439. Correspondance littéraire, philosophique et critique, adressée à un souverain d'Allemagne depuis 1753 jusqu'en 1769, par le baron de Grimm et par Diderot. *Paris, Longchamps et F. Buisson,* 1813. 16 vol. — Correspondance inédite, recueil de lettres, poésies, etc., retranchées par la censure impériale. *Paris, Fournier,* 1829. 1 vol. ens. 17 vol. in-8, demi-rel. chagr. bleu, tr. supér. dor. n. rog.

VI. MELANGES, COLLECTIONS ET POLYGRAPHES

440. L'Amarante, causeries du soir, par Albert de Calvimont. *Paris, Urbain Canel,* 1832. In-12 carré, br.

Frontispice par Henri Monnier.

441. Le Saphir, morceaux inédits de littérature moderne (par H. de Balzac, E. Roger de Beauvoir, J. Janin, J. de Rességuier, E. Sue, etc.). *Paris, U. Canel et A. Guyot,* 1832. In-12, portrait, br.

Exemplaire tiré sur papier bleu.

442. De la collection Cazin (Bibliothèque amusante). 12 vol. in-12, v. m. fil. tr. dor.

Le Soupé, le Grelot, Gri-gri, Angola, Opuscules de Parny, les Sonnettes, Théâtre d'amour, Histoire de Mlle Cronel dite Frétillon, l'Anti-Radoteur ou le Petit Philosophe moderne.

443. Petite collection Hetzel et Lévy. *Bruxelles et Paris,* 1856, etc. 10 vol. in-24, demi-rel. v. bleu, tr. supér. dor. n. rog.

Ch. Monselet. Le Musée secret de Paris. La Cuisinière poétique. — V. Hugo. Les Feuilles d'Automne. Les Rayons et les Ombres. Les Voix intérieures. — H. Monnier. Les Petites Gens. — Théophile Gautier. Jettatura. — Balzac. Maximes et Pensées. — Alexandre Dumas. Contes.

444. Bibliothèque elzévirienne, divers ouvrages. *Paris, P. Jannet,* 1855; *P. Daffis,* 1874. 26 vol. in-12, cart. percal. rouge, n. rog.

Les Tragiques de d'Aubigné. — Œuvres de Tabarin, 2 vol. — Œuvres de Saint-Amant, 2 vol. — Œuvres de Coquillart, 2 vol. — Œuvres de Roger de Collerye. — Chansons de Gaultier Garguille. — Les Facétieuses Nuits de Straparole, 2 vol. — Les Aventures de Don Juan de Vargas. — Les Evangiles des Quenouilles. — Maximes morales de la Rochefoucauld. — Œuvres de Bonaventures Despériers, 2 vol. — Le Violier des histoires romaines. — Le Roman bourgeois de Furetière. — Mémoires de la marquise de Courcelles. — Œuvres facétieuses de Noël du Fail, 2 vol. — Les Quinze Joyes de Mariage. — Les Cent Nouvelles nouvelles, 2 vol. — Le Grand Parangon des Nouvelles nouvelles. — Mémoires de la Reine Marguerite.

445. Œuvres de M. Scarron, nouvelle édition, revue, corrigée et augmentée de l'histoire de sa vie et de ses ouvrages, etc. *A Amsterdam, chez J. Wetstein,* 1752. 7 vol. pet. in-12, portrait et frontispice, etc., de Du Bourg, v. éc. tr. marbr.

446. **ŒUVRES COMPLÈTES DE LA FONTAINE**, ornées de 120 gravures d'après les dessins de Desenne, Chaudet, Huet, etc. *Paris, Nepveu,* 1820. 16 tomes en 20 vol. in-12, portraits et figures. — Histoire de la vie et des ouvrages de Jean de la Fontaine, par C.-A. Walckenaer. *Paris, Nepveu,* 1821. 2 vol. in-12. Ens. 22 vol. dem.-rel. avec coins mar. vert, dos orné et mosaïqué de mar. rouge, fil. tr. supér. dor. éb.

Exemplaire sur GRAND PAPIER VÉLIN auquel sont ajoutées outre les figures de l'édition, les figures suivantes :

Les figures de Grandville.

1° ILLUSTRATION DES FABLES : les figures de Simon et Coiny, tirage moderne, 3 états différents : *eaux-fortes avant la lettre et avec la lettre.*

Les figures de Devéria.

Les figures de Tony Johannot ; *états différents.*

Les vignettes en travers de Percier,

Les figures de Perdoux.

2° ILLUSTRATION DES CONTES : les figures de Ducornet ;

Les figures de l'édition dite des Fermiers généraux, publiée par l'éditeur Barraud ; *épreuves sur chine avant la lettre.*

Les figures de Fragonard, publiées par l'éditeur Alphonse Lemerre ; *épreuves sur chine avant la lettre.*

Les vignettes de Duplessis-Bertaux, publiées par Le Clerc.

Figures de Tony Johannot, de l'édition Bourdin, 1839, etc.

3° ILLUSTRATIONS DE PSYCHÉ :

Les figures de Desenne en 3 *états différents,* dont une suite sur papier rosé.

La jolie suite de Moreau in-18, etc.

Cet exemplaire est entièrement monté sur onglet, et est enrichi d'environ 1,600 pièces, réparties dans les différents volumes.

Les portraits de la Fontaine et les frontispices forment environ 40 pièces.

447. Œuvres de M. de Saint-Évremond, publiées sur ses manuscrits, avec la Vie de l'auteur, par M. Des Maizeaux. *Amsterdam,* 1726. 5 vol. in-12, portrait et figures. — Mélanges curieux des meilleures pièces attribuées à M. de Saint-Evremond. *Amsterdam,* 1726. 2 vol. in-12. Ens. 7 vol. demi-rel. veau tr. marbr.

448. Œuvres complètes de M. de Saint-Foix. *Paris, Ve Duchesne,* 1778. 6 vol. in-8, portrait, v. f. antiq.

449. Œuvres complètes de Beaumarchais, précédées d'une notice sur sa vie et ses ouvrages par Saint-Marc-Girardin. *Paris, Furne,* 1835. Gr. in-8, texte à 2 col. portr. de Beaumarchais et fig. par T. Johannot, grav. par Hopwood et Lecomte, demi-rel. v. rouge, fil. tr. jasp. (*Boutigny.*)

450. Œuvres complètes de Chamfort, de l'Académie française. *Paris, Maradan,* 1812. 2 vol. in-8, demi-rel. mar. brun, dos orné, fil. tr. supér. dor. éb.

451. Œuvres complètes de Mme Émile de Girardin, née Delphine Gay. *Paris, H. Plon*, 1861. 6 vol. in-8, portrait, demi-rel. v. f. tr. supér. dor. n. rog.

Bel exemplaire.

452. Œuvres de Alfred de Musset. *Paris, Alphonse Lemerre (imprimerie J. Claye)*, 1876. 10 vol. figures. — Bibliographie de Alfred de Musset, par Paul de Musset. *Paris, Alphonse Lemerre*, 1877. 1 vol. ens. 11 vol. pet. in-12, mar. vert clair, dos orné comp. sur les plats tr. dor.

Exemplaire sur papier de Chine, avec la suite des figures d'Henri Pille, gravée par L. Monziès en 2 états, *avant la lettre* sur chine, et *avant la lettre* sur Whatmann; *épreuves au bistre*.

453. Œuvres de Victor Hugo, de l'Académie française; nouvelle édition, ornée de vignettes et augmentée de la *Légende des siècles. Paris, Ve Alex. Houssiaux*, 1875. 20 vol. in-8, papier vélin, portrait de l'auteur, figures hors texte, demi-rel. avec coins, mar. bleu, dos orné, tr. supér. dor. éb.

454. Œuvres de Salomon Gessner. *A Paris, chez V. Hermant et Barrois aîné*, 1779. 3 vol. in-4, titres, frontispice, figures, vignettes et culs-de-lampe, par Le Barbier, mar. la Vall, jans. dent. int. tr. dor. (*B. Niedrée*.)

Jolies illustrations, belles épreuves.

HISTOIRE

---

455. Angleterre, Écosse, Irlande; voyage pittoresque, par Louis Enault, illustré de gravures, types, par Gavarni. *Paris, Morizot*, 1859. Gr. in-8, papier vélin, gravures hors texte, cart. original, tr. dor.

456. Voyage sentimental, traduction nouvelle, précédée d'un essai sur la vie et les ouvrages de Sterne, par M. J. Janin. Edition illustrée par MM. Tony Johannot et Jacques. *Paris, Ern. Bourdin, s. d.* Gr. in-8, vignettes sur bois dans le

texte et figures hors texte, demi-rel. avec coins, mar. bleu jans.

Exemplaire relié sur brochure; les figures hors texte sont sur chine, AVANT LA LETTRE.

457. Voyage sentimental; traduction nouvelle, précédée d'un Essai sur la vie et les ouvrages de Sterne, par M. J. Janin. Edition illustrée par MM. Tony Johannot et Jacques. *Paris, Ern. Bourdin, s. d.* Vignettes sur bois dans le texte et figures hors texte, demi-rel. chagr. viol. dos orné, tr. supér. dor. éb.

458. Les Pyrénées et le Midi de la France, par Thiers. *Paris, Ponthieu*, 1823. In-8, demi-rel. v. vert.

ÉDITION ORIGINALE.
C'est la réunion de plusieurs articles publiés dans le *Constitutionnel.*

459. A. Delvau. — Du pont des Arts au pont de Kehl, frontispice, par Benassit. *Paris, Faure*, 1866. In-12, frontispice à l'eau-forte, demi-rel. dos et coins, mar. rouge, n. rog.

460. Voyages en zigzag, ou Excursions d'un pensionnat en vacances dans les cantons suisses et sur le revers italien des Alpes, par R. Topffer, illustrés d'après les dessins de l'auteur et ornés de 15 grands dessins par M. Calame. *Paris, J.-J. Dubochet,* 1844. Gr. in-8, papier vélin, figures, demi-rel. mar. orange, dos orné, fil. tr. supér. dor. éb.

461. Le Simplon et l'Italie septentrionale, promenades et pèlerinage. *Paris, Belin-Leprieur, s. d.* In-8, papier vélin, figures hors texte avec la lettre sur papier de soie, mar. vert, comp. sur les plats, tr. dor.

462. Voyage dans la Russie méridionale et la Crimée par la Hongrie, la Valachie et la Moldavie, exécuté en 1837 par M. Anatole de Demidoff. Edition illustrée de 64 dessins par Raffet. *Paris, Ern. Bourdin,* 1840. Gr. in-8, papier vélin, gravures hors texte sur chine et gravures coloriées, demi-rel. avec coins, mar. rouge jans.

Exemplaire relié sur brochure.

463. Voyage dans les mers du Nord à bord de la corvette la « Reine Hortense », par M. Charles Edmond (Choieçki). Notices scientifiques, dessins de M. Kari Girardet. *Paris, Mich. Lévy fr.*, 1857. Fort vol. in-8, papier vélin, figures

hors texte, demi-rel. avec coins, mar. la Vall. tr. supér. dor. n. rog. (*Petit, s[r] de Simier*).

464. L'Inde des Rajahs, voyage dans l'Inde centrale et dans les présidences de Bombay et du Bengale, par Louis Rousselet. Deuxième édition contenant 317 gravures sur bois et six cartes. *Paris, L. Hachette*, 1877. In-4, papier vélin, figures, demi-rel. avec coins, mar. grenat jans. tr. supér. dor. n. rog.

---

465. Œuvres complètes de Thucydide et de Xénophon, avec notices bibliographiques, par J.-A.-C. Buchon. — Petits Poèmes grecs, traduits en français par Cousin, Falconet, Perrault, avec notices bibliographiques et littéraires, par J.-A.-C. Buchon. *Paris, P. Daffis*, 1875. 2 vol. gr. in-8, texte à 2 col. demi-rel. chagr. brun, tr. supér. jasp. n. rog.

466. Voyage du jeune Anacharsis en Grèce vers le milieu du quatrième siècle avant l'ère vulgaire, par J.-J. Barthélemy. *Paris, Firmin-Didot fr.*, 1859. Gr. in-8, texte à 2 col. demi-rel. mar. la Vall. plats toile chagr. tr. jasp.

467. Fêtes et Courtisanes de la Grèce. Supplément aux Voyages d'Anacharsis et d'Anténor (par J.-B.-P. Chaussard). *Paris*, 1821. 4 vol. in-8, figures demi-rel. chagr. viol. foncé, tr. supér. dor. n. rog.

468. Des Divinités génératrices, ou du Culte du Phallus chez les anciens et les modernes, par J. A. D... (Dulaure). *Paris*, 1805. In-8, demi-rel. chagr. bleu, dos orné, tr. supér. dor. n. rog.

PREMIÈRE ÉDITION. Bel exemplaire.

---

469. Histoire des Français depuis les Gaulois jusqu'en 1830, par Théoph. Lavallée. *Paris, Hetzel*, 1845. 2 vol. gr. in-8, pap. vél. nombr. portr. par Dejuinne, Decaisne, etc., grav. par Pannier, Delannoy, etc., cart. tr. dor. fers spéciaux sur le dos et les plats.

470. Choix de chroniques et mémoires relatifs à l'histoire de France, avec notices biographiques, par J.-A.-C. Buchon. *Paris, P. Daffis*, 1875. 12 vol. gr. in-8, texte à 2 col. demi-rel. v. f. tr. supér. marbr. n. rog. (*Reliure uniforme.*)

471. Les Chroniques de Jean Froissart, nouvellement revues et augmentées d'après les manuscrits, avec notes, éclaircissements, tables et glossaires, par J.-A.-C. Buchon. *Paris, Aug. Desrez,* 1838. 3 vol. gr. in-8, texte à 2 col. demi-rel. mar. viol. tr. jasp.

472. Chroniques de Monstrelet (France, Angleterre, Bourgogne), 1400-1444, avec notice bibliographique et littéraire, par J.-A.-C. Buchon. *Paris, P. Daffis,* 1875. Gr. in-8, texte à 2 col. demi-rel. v. f. tête marbr. n. rog.

473. Les Mémoires de Philippe de Commines, seigneur d'Argenton. *A Leyde, chez les Elzeviers,* 1648. Pet. in-12, tit. gr. mar. bleu, dos et plats fleurdelisés, doublé de mar. rouge avec fil. tr. dor. (*Chambolle-Duru.*)

Bel exemplaire.
Haut. 132 millimètres.

474. Les Hermaphrodites (par Arthur Thomas, sieur d'Embry). *S. l. n. d.* (1605). In-12, front. gravé, mar. r. jans. tr. dor. (*Cuzin.*)

Satire sur la cour de Henri III.

475. Le Tableau de la vie et du gouvernement de MM. les cardinaux Richelieu et Mazarin et de M. Colbert, représenté en diverses satires et poésies ingénieuses, avec un recueil d'épigrammes sur la vie et la mort de M. Fouquet. *Cologne, Pierre Marteau,* 1693. In-12, mar. bl. fil. dent. dos et mil. ornés, dent. int. tr. dor. (*Lortic.*)

Très bel exemplaire.

476. Essai sur la vie du Grand Condé, par Louis-Joseph de Bourbon-Condé, son quatrième descendant. *A Paris, chez Léopold Collin,* 1806. In-8, cart. n. rog.

477. Les Français sous Louis XIV et Louis XV, vignettes par Johannot, Fragonard, Gavarni, Ch. Jacques. *Paris, Chalamel, s. d.* Gr. in-8, papier vélin, vignettes dans le texte et gravures hors texte, demi-rel. mar. bleu, dos orné, tr. sup. dor. n. rog.

478. Mémoires du duc de Saint-Simon, publiés par MM. Chéruel et Ad. Regnier fils. *Paris, Hachette,* 1873-1875. 19 vol. in-12, demi-rel. v. bleu, tr. supér. dor. n. rog.

Les volumes 18 et 19 sont brochés.

479. Mémoires du marquis d'Argenson. *Paris, Baudoin*, 1825. In-8, demi-rel. mar. bl. avec coins, dos orné, tr. sup. dor. n. rog.

480. Mémoires de Madame du Hausset, femme de chambre de Madame de Pompadour. *Paris, Baudouin*, 1824. In-8, demi-rel. — Mémoires et anecdotes de la Cour de France pendant la faveur de la marquise de Pompadour. *Paris, Arthus Bertrand*, 1802. In-8, demi-rel.

481. Mémoire de Madame la comtesse Du Barri. *Paris, Abel Ledoux*, 1843. 5 tomes en 3 vol. in-8, demi-rel. bas. viol. tr. jasp.

482. Journal historique, ou Mémoires critiques et littéraires, sur les ouvrages dramatiques et sur les événements les plus mémorables, depuis 1748 jusqu'en 1772, par Charles Collé. *A Paris, de l'imprimerie bibliographique*, 1870. 3 vol. in-8, demi-vol. v. f. n. rog. — Correspondance inédite de Collé, faisant suite à son Journal, publiée avec une introduction et des notes par Honoré Bonhomme. *Paris, H. Plon*, 1864. in-8, br. Ens. 4 vol.

483. Auguste Nicaise. Œuvres choisies de Bertin du Rocheret. Documents curieux et inédits sur le XVIIIe siècle. *Chalons*, 1865, in-12, demi-rel. chagr. bl. tr. supér. dor. n. rog.

484. Mémoires du duc de Lauzun. *Paris, Poulet-Malassis*, 1858, in-12, demi-rel. v. f. tr. peign.

485. Constitution de la République française, représentée en figures gravées par F.-A. David. *Paris, an VIII*. In-18, bas.

Figures au bistre.

486. Histoire de la Révolution française, par F.-A. Mignet, illustrée d'après Raffet et autres célèbres artistes. *Bruxelles, Ad. Wahlen*, 1839. Gr. in-8, papier vélin, br. vignettes dans le texte et fig. hors texte.

487. Histoire-Musée de la Républtique française, depuis l'Assemblée des notables jusqu'à l'Empire, par Aug. Challamel, avec estampes, médailles, costumes, etc., du temps. *Paris, Challamel*, 1842. 2 vol. gr. in-8, pap. vél. figures intercal. dans le texte, cartonnages originaux.

Piqûres d'humidité.

488. Les Français sous la Révolution, par MM. Aug. Challamel et Wilhelm Ténint, avec 40 scènes et types dessinés par M. H. Baron, gravés sur acier par M. L. Massard. *Paris, Challamel, s. d.* Gr. in-8, papier vélin, figures en couleurs, demi-rel. avec coins, mar. rouge, fil. tr. supér. dor. n. rog.

489. Mémoires inédits de Mme la comtesse de Genlis sur le dix-huitième siècle et la Révolution française, depuis 1756 jusqu'à nos jours. *Paris, Ladvocat*, 1825. 8 vol. in-8, portrait, demi-rel. bas. viol. tr. jasp.

490. Les Amours de Mirabeau et de Sophie Monnier, par Benjamin Gastineau. *Paris*, 1865. In-8, 2 portraits, demi-rel. chagr. la Vall. tr. supér. dor. n. rog.

Cachet sur le titre.

491. Mémoires de Chodruc-Duclos, recueillis et publiés par J. Arago et Édouard Gouin. *Paris, Dolin*, 1843. 2 vol. in-8, cart. n. rog.

492. Almanach des prisons, ou Anecdotes sur le régime intérieur de la Conciergerie, du Luxembourg, etc., sous la tyrannie de Robespierre, avec les chansons, couplets qui y ont été faits (par Coissin). *Paris, Michel, an III.* In-16, figure, demi-rel. mar. n. rogn.

493. Correspondance inédite de Marie-Antoinette, publiée sur les documents originaux, par le comte Paul Vogt d'Hunolstein. *Paris, Dentu*, 1868. In-8, portr. demi-rel. mar. bl. avec coins, tr. sup. dor. n. rogn. (*Petit.*)

494. Relation de la bataille de Marengo, rédigée par le général Alex. Berthier, ministre de la guerre, accompagnée de plans indicatifs, etc. *Paris, de l'Imprimerie impériale*, 1806. In-4, papier vélin, frontispice par Horace Vernet et cartes, v. vert, dent. Armoiries impériales sur les plats, tr. dor.

495. Histoire de l'empereur Napoléon, par A. Hugo. *Paris, Perrotin*, 1833. In-8, orné de 31 vignettes par Charlet, int. dans le texte, demi-rel. avec coins, chagr. viol. tr. supér. dor. éb.

496. Histoire de l'empereur Napoléon, par Laurent de l'Ardèche, illustrée par Horace Vernet. *Paris, J.-J. Dubo-*

chet, 1840. In-8, nombr. vignettes sur bois int. dans le texte, et nombr. types militaires coloriés, demi-rel. avec coins, mar. viol. dos orné, fil. tr. supér. dor. éb. (*Pouillet.*)

497. Histoire de l'empereur Napoléon, par P.-M. Laurent de l'Ardèche, illustrée par Horace Vernet. *Paris, J.-J. Dubochet,* 1840. Gr. in-8, nombr. vignettes dans le texte et types militaires en couleurs, demi-rel. chagr. vert, tr. jasp.

498. Mémoires d'une contemporaine, ou Souvenirs d'une femme sur les principaux personnages de la République, du Consulat, de l'Empire, etc. *Paris, Ladvocat,* 1828. 8 vol. in-8, cart. tr. jasp.

499. Mémoires de Madame la duchesse d'Abrantès, ou Souvenirs historiques sur Napoléon, la Révolution, le Directoire, le Consulat, l'Empire et la Restauration. *Paris, Ladvocat,* 1831-1835. 18 vol. in-8, demi-rel. avec coins, mar. rouge, dos orné, tr. supér. marbr. n. rog.

Bel exemplaire.

500. Saint-Cloud, Paris, Cherbourg. Mémoires pour servir à l'histoire de la Révolution de 1830, publiés par Al. Mazas. Mission du duc de Mortemart. *Paris, Urbain Canel,* 1832. In-8, demi-rel. v. viol. tr. jonq.

501. Marie Stella, ou Échange criminel d'une demoiselle du plus haut rang contre un garçon de la condition la plus vile. *Paris,* 1830. Cart. tr. supér. jasp. n. rog.

Première édition.
Ecrit politique cherchant à prouver que Louis-Philippe, roi de France, fut substitué à une fille légitime du duc et de la duchesse de Chartres.

502. Mémoires de Canler, ancien chef du service de sûreté. *Paris, Hetzel, s. d.* In-12, demi-rel. mar. citr. tr. supér. dor. n. rogn.

503. Fastes des Gardes nationales de France, par MM. Alboize et Ch. Élie. *Paris, Ad. Goubaud,* 1849. 2 vol. gr. in-8, papier vélin, gravures hors texte, demi-cart. percal. tr. supér. dor. éb.

504. Le Mois, résumé mensuel historique et politique de tous les évènements, entièrement rédigé par Alexandre

Dumas. *Paris,* 1er mars 1848. — 1er janvier 1850 (25 numéros). In-4, demi-cart. percal. tr. supér. dor. n. rog.

Portrait d'Alex. Dumas, gravé par Dien, ajouté en tête du volume.

505. L'Algérie ancienne et moderne, par L. Galibert, vignettes par Raffet et Rouargue frères. *Paris, Furne,* 1844. Gr. in-8, figures hors texte et types de militaires coloriés, demi-rel. avec coins, mar. vert, tr. supér. dor. n. rog. (*David.*)

506. Eugène Fromentin. — Sahara et Sahel. 1. Un Été dans le Sahara. 2. Une Année dans le Sahel. *Paris, E. Plon,* 1879. Gr. in-8, papier vélin, figures, demi-rel. avec coins, mar. orange, dos orné, tr. supér. dor. éb.

Ouvrage illustré de 12 eaux-fortes par Lerat, Courtry et Rajon, d'une héliogravure et de 45 gravures en relief, d'après les tableaux, les dessins et les croquis d'Eugène Fromentin.

507. Châteaux et ruines historiques de France, par Alexandre de Lavergne, illustrations de Théodore Frère. *Paris, Ch. Warée,* 1845. Gr. in-8, papier vélin, vignettes dans le texte, portraits et figures hors texte, demi-rel. avec coins, mar. jonq. dos orné, fil. tr. supér. dor. éb.

508. La Seine et ses bords, par Ch. Nodier, vignettes par Marville et Foussereau. *Paris,* 1836. In-8, fig. hors texte et cartes, demi-rel. v. vert.

509. Histoire physique, civile et morale de Paris, par J.-A. Dulaure. *Paris, Furne,* 1839. 8 vol. in-8, figures gravées hors texte, demi-rel. v. rose, tr. marbr.

510. Paris historique. Promenade dans les rues de Paris, par MM. Ch. Nodier, Aug. Regnier et Champin, orné de 200 vues lithographiées. *Paris, Levrault,* 1838-1839. 3 vol. in-8, figures hors texte, demi-rel. v. viol. tr. marbr.

Le troisième volume porte pour titre : Études sur les Révolutions de Paris, par P. Christian.

511. Les Rues du vieux Paris. Galerie populaire et pittoresque, par Victor Fournel, ouvrage illustré de 165 gravures sur bois. *Paris, Firmin-Didot,* 1879. Gr. in-8, papier vélin, figures, demi-rel. avec coins, mar. rouge, dos orné et mosaïque de mar. vert, tr. supér. dor. éb.

512. Les Hôtels historiques de Paris. — Histoire, architec-

ture, par Georges Bonnefons, précédés de quelques réflexions sur l'architecture privée, par M. Alb. Lenoir, illustrations par MM. Cél. Nanteuil, D. Aubigny, Bertall, Rouargue, Beauce, H. Dubois. *Paris, V. Lecou,* 1852. Gr. in-8, vignettes dans le texte et gravures hors texte, cart. n. rog.

513. Histoire du Pont-Neuf, par Édouard Fournier. *Paris, E. Dentu*, 1862. 2 vol. in-12, demi-rel. chagr. vert, tr. supér. dor. n. rog.

514. Tableau de Paris (par Mercier), nouvelle édition, corrigée et augmentée. *Amsterdam*, 1783. 12 vol. in-8. — Nouveau Tableau de Paris au XIXe siècle (par différents auteurs). *Paris, Mme Ch. Béchet*, 1834-35. 7 vol. in-8, avec leurs couvertures, ens. 17 vol. demi-rel. v. vert, tr. supér. marbr. éb. reliure uniforme.

515. Le Nouveau Paris, par le cit. Mercier. *A Brunswick,* 1800. 6 tomes en 3 vol. pet. in-8, demi-rel. v. olive n. rog.

516. Émile de la Bédollière. Le nouveau Paris. Histoire de ses 20 arrondissements, illustrée par Gustave Doré. *Paris*, *Gustave Barba, s. d.* Gr. in-8. — Histoire des Environs du nouveau Paris, illustrations de Gustave Doré. *Paris, Gustave Barba, s. d.* Gr. in-8, ens. 2 vol. texte à 2 col. nombr. vignettes sur bois et cartes topographiques coloriées, demi-cart. toile jonq. avec coins.

Bel exemplaire non rogné et relié avec les couvertures des livraisons.

517. Paris chez soi, revue historique monumentale et pittoresque de Paris ancien et moderne, par l'élite de la littérature contemporaine, illustrée de dessins. *Paris, P. Boizard,* 1855. Gr. in-8, texte à 2 col. vignettes sur bois, cart. tr. supér. dor. n. rog.

518. Paris dans l'eau, par Eug. Briffault, illustré par Bertall. *Paris, Hetzel,* 1844. Pet. in-8, figures, cart. original, tr. dor.

519. Paris marié, philosophie de la vie conjugale, par H. de Balzac, commentée par Gavarni. *Paris, Hetzel,* 1846. Pet. in-8, cart. ébarbé, vignettes dans le texte et figures hors texte.

520. Paris inconnu, par A. Privat d'Anglemont, précédé d'une étude sur sa vie par Alfred Delvau. *Paris, Delahays*, 1861. In-12 cartonné, n. rogn.

521. Les Charlatans célèbres, ou Tableau historique des bateleurs, des baladins, des jongleurs, des bouffons... et généralement de tous les personnages qui se sont rendus célèbres dans les rues et sur les places publiques de Paris, depuis une haute antiquité jusqu'à nos jours. *Paris, Lerouge*, 1819. 2 vol. in-8, demi-rel. mar. rouge, n. rog.

Cet ouvrage est le même que celui intitulé : Personnages célèbres dans les rues de Paris, depuis une haute antiquité jusqu'à nos jours, par J.-B. Gouriet. *Paris, Lerouge*, 1811. 2 vol. in-8. Il n'y a que le titre de changé.

522. Édouard Gourdon. Le Bois de Boulogne, illustrations d'Edmond Morin. *Paris, A. Bourdilliat*, 1861. Gr. in-8, papier vélin, figures hors texte, demi-rel. mar. rouge, tr. supér. dor. n. rog.

523. Alfred Delvau. Les Lions du jour. Physionomies parisiennes. *Paris, Dentu*, 1867. In-12, cartonné, n. rog. couverture originale.

524. A. Delvau. Le Fumier d'Ennius, eau-forte de L. Flameng. *Paris, A. Faure*, 1865. In-12, front. gr. demi-rel. dor. et coins mar. r. n. rogn.

525. Alfred Delvau. Histoire anecdotique des Cafés et Cabarets de Paris, avec dessins et eaux-fortes de G. Courbet, L. Flameng et F. Rops. *Paris, Dentu*, 1862. In-12, cart. n. rogn.

526. A. Delvau. Les Heures parisiennes. 25 eaux-fortes d'E. Benassit. *Paris*, 1866. In-12, cart. n. rogn.

527. Appendice aux Heures parisiennes, histoire du livre d'A. Delvau. *Paris*, 1872. In-12, cartonné, n. rogn.

Portrait de Delvau.

528. A. Delvau. Les Cythères parisiennes. Histoire anecdotique des bals de Paris, avec 24 eaux-fortes et 1 frontisp. de Rops et Therond. *Paris, Dentu*, 1864. In-12, cart. n. rogné.

529. A. Delvau. Les Dessous de Paris. *Paris, Poulet-*

Malassis, 1862. In-12, frontispice, cart. toile bleue, non rogné.

Un double frontispice est ajouté, tirage d'artiste.
Exemplaire d'Arnauldet.

530. A. Delvau. Le Grand et le Petit Trottoir. *Paris, Faure,* 1866. In-12, eau-forte, demi-rel. avec coins, mar. r. dos orné, fil. tr. supér. dor. n. rogné

531. Les Environs de Paris, histoire, monuments, paysages; ouvrage rédigé par l'élite de la littérature contemporaine, illustré de 200 dessins. *Paris, P. Boizard,* 1855. Gr. in-8, papier vélin, figures, demi-cart. percal. tr. supér. dor. n. rog.

532. Versailles ancien et moderne, par le comte Alexandre de Laborde. *Paris, impr. d'A. Everat,* 1839. Gr. in-8, nombr. vign. int. dans le texte, demi-rel. avec coins mar. viol. jans.

Exemplaire relié sur brochure.

533. Versailles ancien et moderne, par le comte Alexandre de Laborde. *Paris, impr. Schneider et Langrand,* 1841. Gr. in-8, nombr. vignettes dans le texte, demi-rel. avec coins, mar. brun, jans. tr. supér. dor. éb.

534. Le Château de Versailles, histoire et description, par L. Dussieux. *Versailles, L. Bernard,* 1881. 2 vol. in-8, plans et figures gravées, br.

535. Histoire des ducs de Bourgogne de la maison de Valois (1364-1477), par M. de Barante. *Paris, Delloye,* 1839. 12 vol. in-8, papier vélin, figures sur chine et cartes, demi-rel. mar. la Vall. tr. supér. dor. éb.

536. La Bretagne ancienne et moderne, par Pitre-Chevalier, illustrée par MM. A. Leleux, O. Penguilly, T. Johannot. *Paris, W. Coquebert, s. d.* 2 vol. gr. in-8, papier vélin, vignettes hors texte et dans le texte, demi-rel. avec coins, mar. bleu, dos fleurdelisé, tr. supér. dor. éb.

537. Bretagne et Vendée, histoire de la Révolution française dans l'Ouest, par Pitre-Chevalier, illustrée par A. Leleux, O. Penguilly, T. Johannot. *Paris, W. Coquebert, s. d.* Gr. in-8, papier vélin, nombr. vignettes dans

le texte et figures hors texte, demi-rel. avec coins, mar. grenat.

Exemplaire relié sur brochure.

538. Jumièges, prose et vers et poésies diverses, par Ulric Guttinger. *Rouen*, 1839. In-12, br.

---

539. Mémoires du prince Eugène de Savoie, écrits par lui-même (par le prince de Ligne). *Paris*, 1810. In-8, cart. n. rogné.

540. Mémoires de Christine, reine de Suède. *Paris, Timothée Debray*, 1830. 2 vol. in-8, demi-rel. mar. grenat, tr. supér. dor. n. rog.

541. Les Mystères de la Russie, tableau politique et moral de l'empire russe, par Frédéric Lacroix. *Paris, Pagnerre*, 1845. In-8, pap. vél. portr. de Nicolas Ier et figures par Jeanron, grav. par Godefroy, autres fig. lithogr. demi-rel. chagr. la Vallière, tr. jasp.

---

542. Antony Méray. La Vie au temps des trouvères, croyances, usages et mœurs intimes des XIe, XIIe et XIIIe siècles, 1 vol. — La Vie au temps des cours d'amour, croyances, usages et mœurs intimes des XIe, XIIe et XIIIe siècles, 1 vol. — La Vie au temps des libres prêcheurs ou les devanciers de Luther et de Rabelais, croyances, usages et mœurs intimes des XIVe, XVe et XVIe siècles, 2 vol. *Paris, A. Claudin*, 1873-1878. Ens. 4 vol. in-8, papier vergé de Hollande, demi-rel. avec coins, mar. rouge, dos orné, tr. supér. dor. éb.

543. Études sur les femmes illustres et la société du XVIIe siècle, par Victor Cousin. *Paris, Didier*, 1856. 3 vol. in-8, papier de Hollande, demi-rel. mar. rouge, tr. supér. dor. n. rog.

Jacqueline Pascal. — Mme de Chevreuse. — Mme de Hautefort.

544. Mémoires secrets pour servir à l'histoire de la République des lettres en France depuis 1762 jusqu'à nos jours (par L. Petit de Bachaumont, M.-F. Pidansat de Mairobert, Moufle d'Angerville et autres). *Londres, John Adamson*, 1784-1789. 35 vol. in-12, demi-rel. bas. tr. marbr.

Tomes I à XXXV.

545. Correspondance secrète politique et littéraire, ou Mémoire pour servir à l'histoire des cours, des sociétés et de la littérature en France, depuis la mort de Louis XV (rédigée par Métra et autres). *A Londres, chez J. Adamson*, 1787-1789. 16 vol. in-12, demi-rel. bas.

Tomes I à XVI.

546. Paul Lacroix. XVIIIe siècle. Lettres, sciences et arts. France, 1700-1789. *Paris, Firmin-Didot*, 1878. Gr. in-8, papier vélin, figures, demi-rel. avec coins mar. rouge, tr. supér. dor. éb.

Ouvrage illustré de 16 chromolithographies et de 250 gravures sur bois, dont 20 tirées hors texte.

547. Les Sociétés badines, bachiques, littéraires et chantantes, leur histoire et leurs travaux. Ouvrage posthume de M. Arthur Dinaux, revu et classé par M. Gustave Brunet, avec un portrait à l'eau-forte par G. Staal. *Paris, Bachelin-Deflorenne*, 1867. 2 vol. in-8, portrait, demi-rel. avec coins chagr. vert, fil. tr. supér. dor. éb.

---

548. Mémoires de Ninon de Lenclos, par Eug. de Mirecourt. Édition illustrée par J.-A. Beauce. *Paris, Gust. Havard*, 1857. 2 vol. gr. in-8, figures hors texte, br.

549. Mémoires pour servir à la vie de Voltaire, écrits par lui-même. *A Berlin*, 1784. In-8, demi-rel. bas.

550. Mémoires historiques sur la vie de M. Suard, sur ses écrits et sur le XVIIIe siècle, par Dominique-Joseph Garat. *A Paris, chez A. Belin*, 1820. 2 vol. in-8, cart. éb.

551. Mes Prisons, mémoires de Silvio Pellico, Traduction nouvelle, vignettes par J. Coomans. *Bruxelles, Dewasme et Laurent*, 1839. In-8, vignettes intercal. dans le texte, broché.

Légères piqûres d'humidité.

552. Silvio Pellico. Mes Prisons, suivies du Discours sur les devoirs des hommes, traduction de M. Antoine de Latour. Édition illustrée par Tony Johannot de 100 beaux dessins gravés sur bois. *Paris, Charpentier*, 1843, gr. in-8 papier vélin, vignettes dans le texte et figures hors texte, demi-rel. chagr. bleu, tr. dor.

553. Silvio Pellico. Mes Prisons, traduction de M. Antoine de Latour. Édition illustrée par T. Johannot. *Paris, Charpentier*, 1843. Gr. in-8, demi-rel. dos et coins mar. bl. jans. entièrement n. rog. (*Carayon.*)

100 dessins gravés sur bois.

554. Les Excentriques, par Champfleury. *Paris, Michel Lévy*, 1856. In-12, br.

555. 1802-1841. Victor Hugo raconté par un témoin de sa vie (Mme Victor Hugo, née Adèle Foucher). *Paris, A. Lacroix-Verboeckoven*, 1863. 2 vol. in-8, demi-rel. avec coins mar. vert, tr. supér. dor. éb. (*David.*)

556. Émile Bergerat. Théophile Gautier : Entretiens, Souvenirs et Correspondance. *Paris, Charpentier*, 1879. In-12, demi-rel. chagr. br.

Eau-forte.

557. Sainte-Beuve et ses inconnues, par Pons. *Paris, Paul Ollendorff*, 1879. In-12, demi-rel. mar. v.

558. Les Contemporains, par Eugène de Mirecourt. *Paris, G. Havard*, 1854-1858. 67 notices avec portraits et fac-similé d'autographes réunis en 17 vol. in-16, cart. tr. supér. dor. n. rog.

---

559. Procès des raretés bibliographiques. *Bordighère*, 1875. In-12, mar. r. (*Petit.*)

Tiré à 100 exemplaires, exemplaire Arnauldet.

560. Le Livre et la petite Bibliothèque d'amateur. Essai de critique, d'histoire et de philosophie morale sur l'amour des livres, par M. G. Mouravit. *Paris, Aubry*, 1869. Petit in-8, pap. vélin, mar. olive, dos orné, fil. doublé de mar. r. avec dent. et compartiments, tr. supér. dor. éb. (*Behrends.*)

SUPPLÉMENT

561. LE TEMPLE DE GNIDE, nouvelle édition avec figures gravées par Le Mire, d'après les dessins d'Eisen. *Paris*, 1772. Gr. in-8° mar. r. tr. dor. (*Anc. rel.*)

Superbe exemplaire, très-grand de marges et beau d'épreuves.

562. LE TEMPLE DE GNIDE, nouvelle édition avec figures gravées par Le Mire, d'après les dessins d'Eisen. *Paris*, 1772. In-4° v. marbr. fil. tr. dor. (*Anc. rel.*)

Très-bel exemplaire en grand papier de Hollande. Belles épreuves.

Paris. — Typ. G. Chamerot, 19, rue des Saints-Pères. — 12069.

www.ingramcontent.com/pod-product-compliance
Ingram Content Group UK Ltd.
Pitfield, Milton Keynes, MK11 3LW, UK
UKHW021625260726
13994UKWH00003B/1069